用が一般化する一方で、意欲はあっても使い方がわからず右往左往する広報担当者も続出。どう発信したらよいのかわからない、届けたい層になかなか思うように届かない、そもそもどのサービスを使うべきかわからない……と悩んでいる人が本当にたくさんいることに気が付いたのです。

最近では、毎年のようにＮＰＯ／ＮＧＯや文化施設、市役所、商店街、商業施設、舞台関係者向けなど、毎年どこかのまちで講座の依頼を受けています。それらの経験を通して、いまは自治体の情報発信を応援・研究するサイトを運営しています。

本書は、そんな筆者の持ちうるかぎりの経験と知識を詰め込んで、自治体の広報に携わることになった担当者ならばぜひ知っておいてほしいルールを整理し、「良い情報発信」のノウハウをまとめた１冊です。初めてのソーシャルメディア活用に必要な心構えや基礎知識の解説、リスクや不安を乗えてまちの個性を打ち出すことに成功した果敢な情報発信例までをじっくりと読み解きました。でさえ忙しいのに情報発信なんてとても手が回らない……という方にこそ、手に取ってもらいた思っています。

２０２０年７月　狩野哲也

本書の使い方

この本は第１部：自治体ウェブ発信の実践／第２部：ウェブの使い方 基本編／第３部：ウェブの使い方 応用編 という三部構成になっています。

まずは堅苦しいこと抜きに、第１部の実践例を読んでみてください。多様なウェブ発信の事例から、大いに刺激を受けられるかと思います。なお、下記の QR コードで特設 URL にアクセスすると、すべての紹介事例のリンクが一覧できます。ぜひ実際の投稿やウェブサイトにも訪問して、じっくり研究してみてください。

※ 出典 URL は 2020 年 6 月時点のものになります。
当該ウェブが閉鎖してしまった場合などは閲覧できません。
ご了承ください。

また第１部を読み進めていくうちに、使ったことのないウェブサービスの名前に出くわしたり、もう少し突っ込んで知りたいポイントが出てきたりすることがあるかと思います。それらは第２部と第３部で解説していますので、自分が深めていきたい方向性が見えてきたら、ぜひ関連するページを読み進めてみてください。

この本が、１人でも多くの自治体の仕事に携わる人にとって、ウェブ発信の楽しさや醍醐味を知り、創意工夫を凝らすきっかけとなれば幸いです。

〈本書中の各種ウェブサービス等アイコン凡例〉

Web	Twitter	YouTube	TikTok	
SNS	Facebook	Tumblr	Googleマップ	Jimdo
イベント	LINE	Instagram	クックパッド	Wix

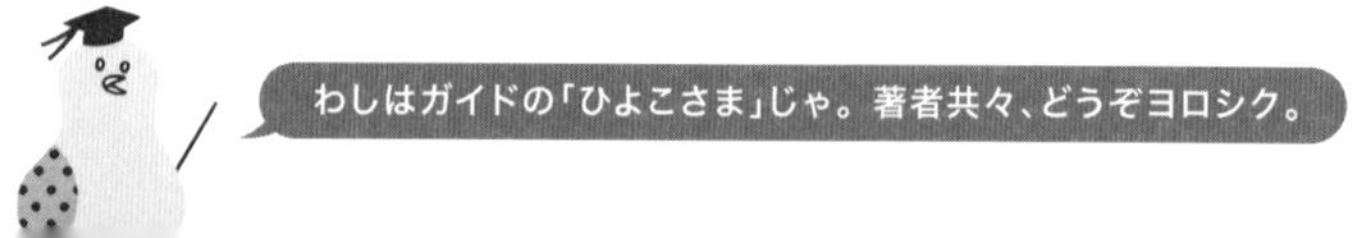
わしはガイドの「ひよこさま」じゃ。著者共々、どうぞヨロシク。

第1部 自治体ウェブ発信の実践

1章 移住も関係人口もブランディングも

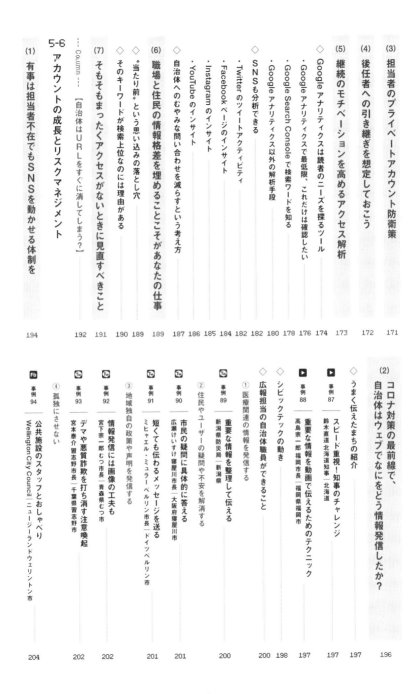

第 1 部

自治体ウェブ発信の実践

自治体職員や地域おこしに関わる人々には、いまどんな情報発信が求められているのでしょうか。「このまちに住みつづけたい」「あのまちで暮らしたい」「ここにいつか帰りたい」と選ばれるには？ リサーチをするなかで浮かび上がってきたテーマは〈移住促進〉〈関係人口創出〉〈地域ブランディング〉の3 本柱。野暮な縦割りはせず、官民問わずうまく人を巻き込んでいる好例たち、といえるかもしれません。第 1 部の 1 章と 2 章では、基本のツールやテクニックを解説する前に、まずは今注目すべき実践例をチェックしていきましょう。

1章

移住も　関係人口も　ブランディングも

1-1

移住促進

PRポイント：暮らしやすさ／働き口／結婚と子育て

(1) 暮らしやすさ —— 熱量のこもった記事でまちの魅力を発信する

移住とひとくちにいっても、いろいろなかたちがあります。地元へのUターン、旅先で惚れたまちへのIターン、地元に近い都市圏へのJターン。また、移住の動機もさまざま。自然豊かな環境で子育てをしたい、アレルギーなど身体的な理由で都会を抜け出したい、就農したい……など。東

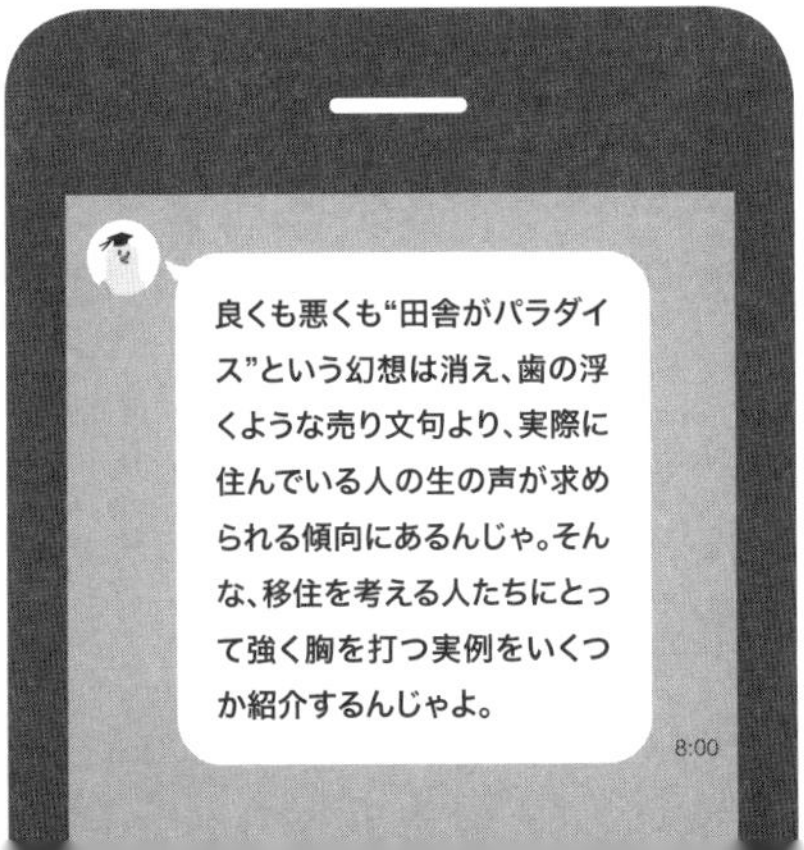
良くも悪くも“田舎がパラダイス”という幻想は消え、歯の浮くような売り文句より、実際に住んでいる人の生の声が求められる傾向にあるんじゃ。そんな、移住を考える人たちにとって強く胸を打つ実例をいくつか紹介するんじゃよ。
8:00

いいいいいいづな
長野県飯綱町

日本大震災以降のブームで移住も多様化し、関連情報もウェブ上でたくさん得られるようになりました。移住希望者が知りたいのは、「暮らしやすいかどうか」です。たとえば、住民の方に実際のまちの様子をレポートしてもらったり、自分の地域に対する先入観にあえて切り込んでいくことで、暮らしやすさをアピールできます。ここでは、移住を考えている人の琴線に触れる実例を紹介します。

▼事例１――町民レポーターによる等身大の発信

こちらは長野県飯綱町役場の企画課地域振興係が運営する**ウェブサイト**（62頁）「いいいいいいづな」です。長野県飯綱町の町民がライターとなり、知る人ぞ知る飯綱町の魅力や最新情報など、自らの切り口で「いい！」と感じたコンテンツを自由に発信しています。まず圧倒されるのは、これでもか！といわんばかりの人物紹介コンテンツのボリューム。

例えば２０１９年３月公開の記事「地域おこし協力隊アイデ

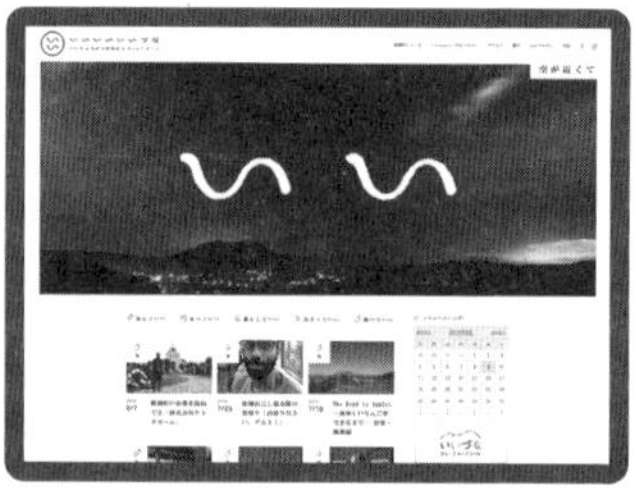

飯綱町役場 企画課 地域振興係が運営元のウェブマガジン。飯綱町に根ざす町民がライターとなり、飯綱町の魅力を自由に発信している[*1]

地域おこし協力隊アイデアソン@ZQを開催。まちの未来を話し合う、それぞれの思考の流れが可視化されてわかりやすく、「知らぬ間にまちの大事なことが決まってしまう」なんてことがないと伝わる[*2]

いいいいいいづな | **飯綱町役場企画課地域振興係** | 2019年3月15日 公開（左）／2018年3月13日 公開（右）

[*2] 出典：https://iizuna.jp/docs/2363.html

[*1] 出典：https://iizuna.jp/

アソン@ZQを開催」では、飯綱町で開催されたワークショップを、町民がライブレポートにまとめています。

記事では、ワークショップに登場する人たちの試行錯誤、まちをどういう未来にしていきたいかという話しあいのプロセスがうまく紹介されています。飯綱町役場の企画課地域振興係・渋澤陽一さんはサイト立ち上げの経緯をこう振り返ります。「地方創生関連の総合サイトとして立ち上げました。行政サイトというのはとかく堅くなりがちで、訴求力に弱点があります。だから、町民自身が運営できて、ユニークで訴求力あるものにしたいという思いがありました。基本的には、従来型の公式サイトでは発信が難しい、町民目線の情報や町民紹介をメインとしており、ありのままの日常を発信しています」。

運営の仕組みは、まず町民がライターに登録し、取材企画を提出。内容に問題がないかを役場が確認し、問題なければ取材・記事執筆を開始。記事を公開する前には、役場で最終原稿を確認し、校正や編集等は外部委託しているそう。

▼事例2― あえて住民の不安を記事にする

「尼ノ國」とは尼崎市の広報課による定住・転入促進情報を

17

尼ノ國

兵庫県尼崎市

尼ノ國　尼崎市定住・転入促進情報発信サイト

人なつこさや遊びごころ、おたがいさま、おせわさまの気持ち。多くの都市で忘れ去られた「大切なもの」が息づく尼崎を「尼ノ國」と呼び、開国を宣言している[*3]

尼崎市

[*3] 出典：https://www.amanokuni.jp/

発信する**ウェブサイト**です。「世にも珍しい交通公園」や「新たな地元名物、尼崎あんかけチャンポン」など読んでいるだけでワクワクできる楽しい記事が並び、同時に尼崎での暮らしや人のエピソードが散りばめられています。「尼ノ國」も「いいいいいいづな」同様、まちに関する等身大の記事が並んでいることが多くの人に伝わるポイントのよう。

なぜこのプロジェクトが始まったのでしょうか。尼崎市役所広報課の島田絵美さんによると、尼ノ國サイトは子育て世代の定住・転入促進を目的として2017年3月に開設したそう。「開設当初の尼崎市では、夫婦2人世帯の転入は増えているものの、中学生以下の子どもがいる世帯が転出する傾向がありました。転出者へのアンケートから見えてきたのが、治安やマナー・学校教育・自然環境などに対する負のイメージです。そこで、暮らしやすさや魅力、教育、まちづくりの取り組みなどを、画像や映像を用いながらわかりやすくまとめ、〝ごきげんさんに暮らすまち〟をキーワードに発信しています」と島田さん。例えばこちらの公

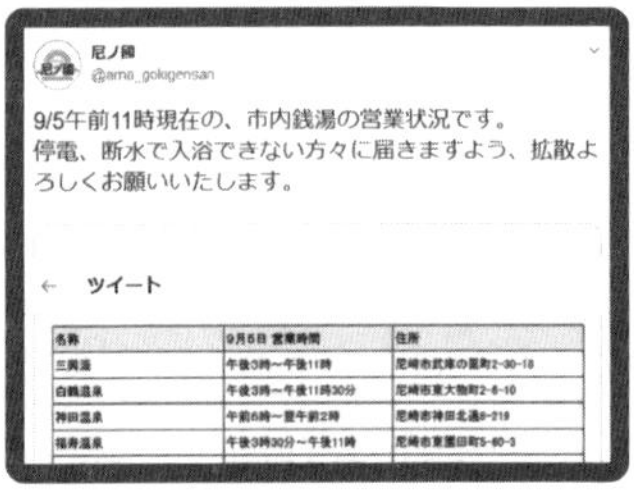

台風の影響で兵庫県内で停電が発生。尼崎市内で入浴できる銭湯の情報を伝える投稿[*1]

「尼崎の治安が悪いってほんまですか。」と切り込んだ内容の記事[*2]

尼ノ國 | **尼崎市** | 2017年2月27日 公開(左)／2018年9月5日 公開(右)

[*1] 出典：https://twitter.com/ama_gokigensan/status/1037189124204191744
[*2] 出典：https://www.amanokuni.jp/living/office/entry-109.html

式Twitter（65頁）では、台風で停電が起きた日の市内銭湯の運営状況が投稿されました。困っている尼崎市民の心に寄り添うツイートですね。

確かに、尼崎の魅力を伝える記事と並列で「尼崎の治安が悪いってほんまですか。」など、治安やマナーに関して突っ込んだ記事があるのも効果的ですね。不安要素を逆手にとって、「自分たちのまちは自分たちでよくしていこう！」という尼崎のシビックプライド（まちへの愛着や誇り）醸成の機運が伝わってくるサイトです。

(2) 働き口——仕事をつくるという姿勢を発信する

移住するとなると一番大きな問題は転職・就職。その土地にちゃんと仕事があるのか、ある程度まとまった情報で目に見えてこないとなかなか本腰を入れて移住を検討できません。自治体ウェブサイトを訪問してもＰＤＦ情報しかなくてスマートフォンでは閲覧しづらかったり、あちこちにページリンクを飛ばされてなにを読めばいいのかわからなくなったり。ウェブ検索にギブアップして直接電話をかけてみても、なかなかほしい情報に辿り着けず、消去法でかろうじて情報が手に入った自治体を選ぶ……なんてもったいない。そんな移住希望者を逃さないよう、地域の仕事情報はどうすればうまく伝えられるのか、優れた例を見ていきましょう。

スタートラインとやま
富山県

事例3 — 先輩の働く背中を見せる

「スタートラインとやま」は、進学がきっかけで富山県に来た若者にここで働いてみませんか？と提案する**ウェブサイト**です。「卒業後は地元に戻ろう」と思っている県外出身者に見てもらうことを想定しています。

映像にも力を入れています。「『世界・全国に誇る富山県企業』掲載の動画は、企業ごとに15秒ＣＭを作成し、富山県、石川県、長野県において放送（２０１６〜２０１８年）しました」と話してくれたのは富山県総合政策局企画調整室の山口佳紀さん。

大学卒業後に活躍している先輩たちを紹介することで、未来の道筋を想像できるようになっています。

「トヤMyライフ」のサイトでは、高校生でも読める文章のボリュームや読みやすいデザインで先輩たちの暮らしを生き生きと発信されています。雑誌感覚で読めるコンテンツや、登場する先輩たちの笑顔など、堅苦しさがないように楽しく見せる工夫が随所に。

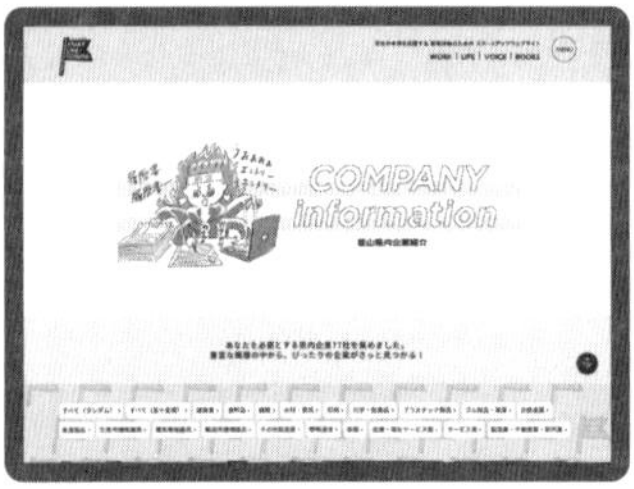

世界・全国に誇る富山県企業の15秒CMサイト。各制作年度限りの公開で、現在は放送していない[*2]

大学卒業後に楽しく働く先輩の背中が見えてくる[*1]

スタートラインとやま | **富山県** | 2020年1月24日 開設

[*2] 出典：https://start-line-toyama.jp/company/

[*1] 出典：https://start-line-toyama.jp/

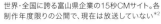

OSAKAしごとフィールド
大阪府

事例4 — 就業サポート担当の人柄がにじみ出る

大阪府が運営する中央区北浜にある総合就業支援施設「OSAKAしごとフィールド」の**ウェブサイト**です。年齢・状況を問わず「働きたい」と思っているすべての方が利用でき、特に充実しているのがキャリアカウンセリングなどの相談機能です。同フロアにはハローワークもあり、仕事さがしはすべてここでまかなうことができます。

履歴書の添削や保活（子どもの保育所を探すための活動）の相談も受け入れていて、幅広い層の求職者をターゲットにしていることがウェブサイトからわかります。求職者担当のTwitterアカウントは、担当者〝田川さん〟の人柄が伝わってくるフランクな発信が魅力的。就職支援関連の施設はどうしてもイベント告知ばかりのインフォメーション系の投稿が多くなりがちですが、求職中というただでさえ浮き沈みのある精神状態の読者にとって活力になる発信の好例です。絵文字や、**#キャリア相談 #就活ライフハック**

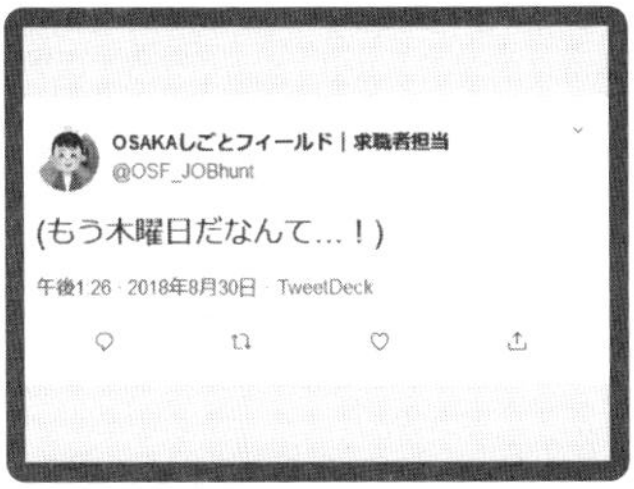

告知のみの発信（インフォメーション）に紛れて"田川さん"のつぶやき（コミュニケーション）が入るだけで、担当者の人柄が伝わり安心感が生まれます[*4]

就活をはじめたみんなが行く就業支援施設のウェブサイト。あがり症克服術など、不安を和らげてくれる企画が目白押し[*3]

OSAKAしごとフィールド | **大阪府** | 2018年8月30日 公開（左）

[*3] 出典: https://shigotofield.jp/

[*4] 出典: https://twitter.com/OSF_JOBhunt/status/1035020813378805760

などの**ハッシュタグ**(146頁)も効果的に使っているので、求職者の目にとまりやすいのではないでしょうか。

石川ナースナビ
石川県

▼事例5 ― 医療現場の〝気になる〟を網羅する

石川県は看護職に特化した**ウェブサイト**があります。その名も「石川ナースナビ」。石川県健康福祉部医療対策課の話では、2025年問題(団塊の世代が後期高齢者となり医療・介護の負担が増大するといわれる)に向けて看護師の人数を増やしたいとの思いから、再就業支援や看護職を目指す学生への就職情報提供、病院案内や学校情報、研修のお知らせなどを行っているのだそうです。交代勤務(2交代制と3交代制のメリット・デメリット)についてのレクチャー、施設で働く看護師の1日、学校養成所一覧(4年課程の大学や3年課程の短大や専門学校などさまざま)、看護師の日常を描いたウェブマンガ「ナースな日々」などのページのアクセスが高いそうです。また、ナース予備軍の看護学生さんもアクセスしやすいように**LINE**(72頁)公式アカウント

石川県医療対策課と委託先である株式会社人材情報センターが運営する看護職情報サイト。ウェブマンガ「ナースな日々」も人気コンテンツだとか*2

石川県内の病院・看護学校・施設情報や看護師求人のほか、マンガや医療情報など看護に役立つコンテンツが満載*1

石川ナースナビ | **石川県健康福祉部医療対策課** | 2013年6月 開設

*1 出典: https://ishikawa-nursenavi.com/

*2 出典: https://ishikawa-nursenavi.com/contents/mag/

も運用しています。

　２０１８年10月には、「男性看護師の道」というコンテンツが追加されたというLINEの通知が届いて、思わずサイトを訪問しました。年々アクセス数や友だち登録数は増加しているのだとか。SNSの通知機能は、コンテンツの更新情報をユーザーに知ってもらうにはぴったりです。

30歳になったら静岡県！
静岡県

▼ 事例６ ― 故郷を意識するきっかけをつくる

「30歳になったら静岡県！」一風変わったタイトルのこの**ウェブサイト**は、静岡県経済産業部就業支援局労働雇用政策課によるもの。

30歳前後の県外在住者が、UIターンし静岡で夢を実現することを応援する試み。UIターン経験者のインタビューなどが読めます。コミュニティに働きかけるSNSツールが多いと

石川県医療対策課
石川県医療対策課のLINE公式ページ。2020年6月17日時点で2510人の友だち（フォロワー）がいる[*3]
石川県健康福祉部医療対策課

30歳になったら静岡県！
静岡県経済産業部就業支援局労働雇用政策課によって開設されたUIターンの促進サイト[*4]
静岡県経済産業部 就業支援局労働雇用政策課 | 2018年秋 公開

*3 出典：https://page.line.me/ishikawa_nurse/
*4 出典：https://www.koyou.pref.shizuoka.jp/30shizuoka/

いう特徴があり、**Facebookページ**（67頁）、**Twitter**、**Instagram**（69頁）、**YouTube**（71頁）、**LINE**、全5種類のツールを駆使しています。労働雇用政策課（雇用推進班）の土佐正高さんによると、「複数のSNSに展開して幅広い方々に知っていただくという狙いがある」のだとか。特に公式Twitter「そうだ。静岡出身者で集まろう！（@shizuoka_TGR）」が活発で、プロフィール欄や投稿内容から、静岡にまつわるユーザーをフォローして積極的にネットワークを広げているようです。地元愛にあふれた投稿の中には【しずおかで働く魅力ムービー】と題したインタビュー動画も流れてきます。地元で就職するという選択肢を可視化し、直接サイトへ誘導できるのが強みですね。

堂々たる田舎

高知県馬路村

▼ 事例7 ― **そこで暮らすイメージをもちやすくする**

こちらは高知県馬路村の移住・定住を応援する**ウェブサイト**。「堂々たる田舎」というタイトルがいいですね。村に移住したらこんな仕事があるよ、という求人紹介が住まいや子育て情報とセットになっていて、移住後の働き口への不安を一気にクリアできます。

堂々たる田舎

馬路村地方創生課による移住定住促進サイト。ユルい手書きイラストがうまくデザインに溶け込み、村の素朴な雰囲気を表現している*1

馬路村

*1 出典：https://umaji-iju.jp/

つわのもよりみち
島根県津和野町

事例8 — 生き方をじっくり伝える

津和野町民の暮らしぶりを「寄り道」感覚で覗いてほしいという思いでつくられたのが、「つわのもよりみち」。働き方を紹介する「ツワノシゴト模様」という**ウェブサイト**が2019年10月末にリニューアルしました。読者と地方がつながる一番の近道・最寄り道であってほしいという願いが込められています。

津和野町つわの暮らし推進課の河良純平さんによれば、地域おこし協力隊がまちの情報発信ツールとして立ち上げた背景があり、インタビューを通じて地域の移住者や住民同士がつながり、地域コミュニティの結び目をつくる効果も果たしているようです。

ほに、ほに。
岩手県紫波町*3

事例9 — じわじわとまちに興味をもってもらう

こちらは岩手県の紫波町役場企画総務部企画課がつくる**ウェブサイト**、「ほに、ほに。」です。〝ほにほに〟とは「本当に」「そのとおり」という岩手の方言。

つわのもよりみち

城下町の旧津和野町と自然豊かな旧日原町が2005年に合併して誕生した津和野町。町内全体の観光情報を発信するよう、毎週会議を重ねている*2

津和野町

ほに、ほに。

紫波町役場企画総務部企画課がつくる、紫波町の魅力発信サイト。とある美容院の看板犬ユメがところどころに登場*3

紫波町役場企画総務部企画課 ｜ 2017年 開設

*2 出典：http://tsmoyo.jp/

*3 出典：https://honihoni.net/

町民たちの仕事と暮らしを通じて〝ほっこりできるまち〟の魅力を紹介。岩手県紫波町公民連携事業担当の高橋哲也さんによれば、空き家や空き店舗の利活用を促進し、民間主導による事業化を行う「リノベーションまちづくり事業」を展開するうえで、「まずは紫波町の素敵な人、素敵な風景・四季を知ってもらい、町に興味を持っていただく」ことを目的にしたのだとか。言語化しづらいまちの魅力を、とある美容室の看板犬の視点で切り取り、町民にかわいがってもらう様子を織り交ぜるなど、設定もほっこり。おおらかに暮らすまちの人たちの息遣いが聞こえてくるサイトです。

(3) 結婚と子育て——家庭や子育ての孤独をあたたかくサポート

子育ては、都会から地方へ移住する人たちのもっともポピュラーな動機の1つです。子育て層に移住してもらうために、保活や助成制度、子育てに関するイベントやコミュニティの情報など、きめ細やかなフォローを可視化したサイトをご紹介します。

▼事例10―子育て重点支援制度を網羅する

てとて
茨城県石岡市

子育て政策や支援制度、親子で安心して過ごせる施設や子育てスポットなどの情報が集約された茨城県石岡市の**ウェブサイト**「てとて」。専門のスタッフが手厚くサポートしている様子が伺え、「すくすく赤ちゃんクーポン券」「子育て世帯への家賃助成制度」など、石岡市における子育て重点支援制度も一目でわかりやすく紹介しています。

事例 11

ニーズを掘り下げて きめ細やかなホスピタリティで応える

▼

みやしろで育てよっ

埼玉県宮代町

埼玉県宮代町の「みやしろで育てよっ」は、特設**ウェブサイト**全体がママをひとりにしない姿勢であふれています。例えばトップページの「助けてって言っちゃおう」という画像をクリックすると、「一時保育を利用しよう」「病後児保育、障がい児デイサービス」などの選択肢を教えてくれます。子育て情報サイトはたいていの自治体にありますが、宮代町のように「きっとこんなことに困っているよね？」「助けてって言っちゃっていいよ」と、なんだか近所の先輩ママが後輩ママに気

みやしろで育てよっ

埼玉県南埼玉郡宮代町の子育て支援情報サイト。小さな町なのに、動物園があって大学もあって自然も残っている、そんな宮代町でのびのび子育てして欲しい気持ちがウェブサイトに溢れている[*2]

宮代町 ｜ 2017年4月1日 開設

てとて

茨城県石岡市「子育て応援ポータルサイト てとて」。手厚い子育てサポート情報がいっぱい[*1]

石岡市 ｜ 2017年10月30日 公開

[*1] 出典：https://www.city.ishioka.lg.jp/page/dir005558.html

[*3] 出典：https://www.kuraso-miyashiro.com/kosodate/

軽に話しているかのような語り口で、じんわりとやさしさが伝わってくるサイトはなかなかありません。こうした言葉の選び方については、**「読みたくなるのは、話し言葉の延長」**（92頁）や**「攻めの言葉遣いという選択肢」**（143頁）も参考にしてみてください。

サイト中央には緊急連絡先が配備されており、24時間365日という心強い文字、ページの最後には「仲間になろう」と**LINE**のリンクが。あなたの味方です、というメッセージが端々から伝わってきます。宮代町役場子育て支援課こども笑顔担当の清水邦江さんによると、LINEでは毎週月曜日に子育てに関するイベントや教室情報、行政からの情報などを発信しているといいます。

また**Facebookページ**では、子育て中のママからの投稿も発信しているそう。「ウェブサイトはリアルなコミュニティづくりにも発展しています。ある日利用者の方から、子育てや育児の悩みを共有したり情報交換したいというFacebookのメッセージが届きました。そこで立ち上がったのが、2人目以降の子育てをするママの会です。これからも、支援センターの職員と連携を図り、安心して子育てができる環境づくりを推進していきたいです」と清水さん。住民が本当に困っていることを発信・共有しあうネットワークを行政が支えるという連携体制が理想的です。コラムページでは、相談員が子育て支援センターで保護者から受けた質問や、研修に参加した時の報告・感想などがまとめられています。ウェブサイトは「みやしろで暮らそっ」「宮代で働こっ」にもつながっています。

1-2

関係人口創出

PRポイント：ユーモア／住民目線／クリエイティビティ

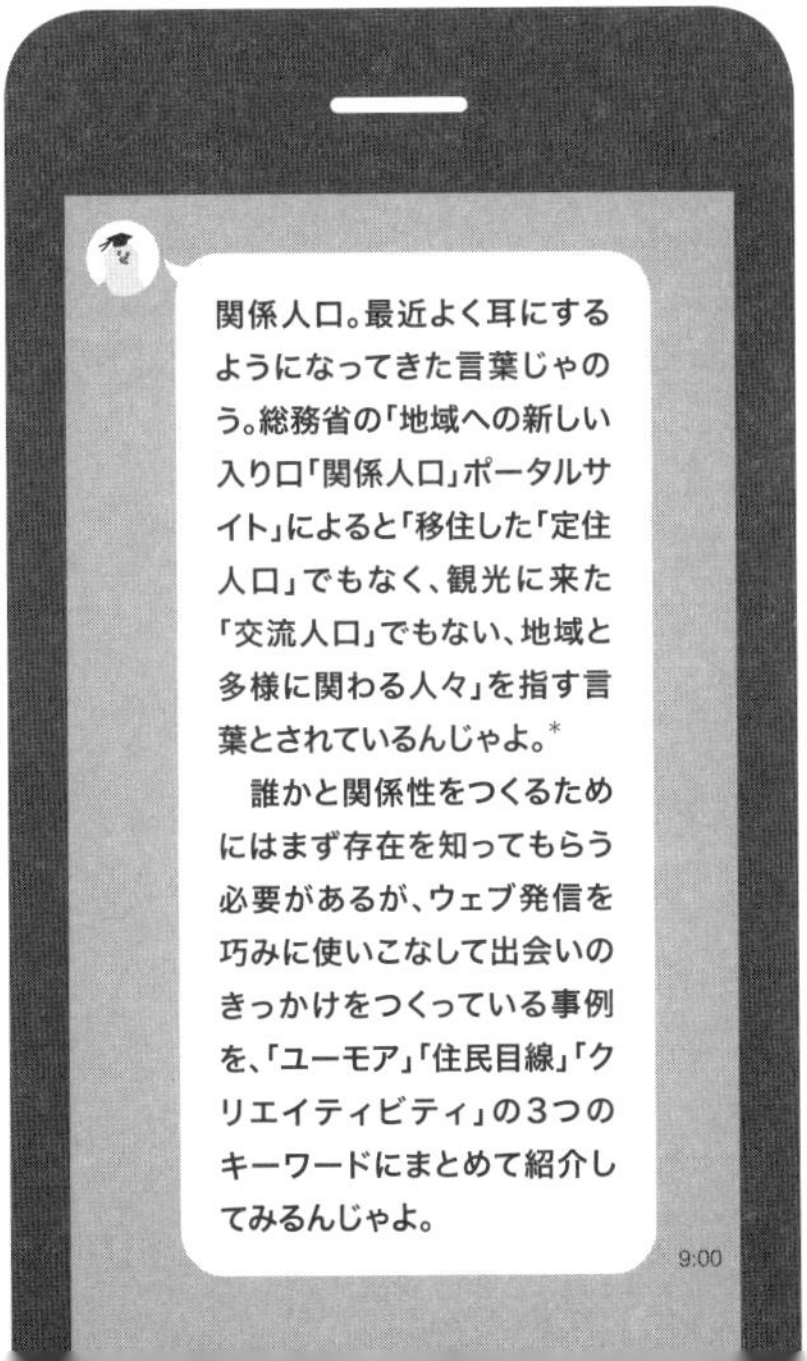
関係人口。最近よく耳にするようになってきた言葉じゃのう。総務省の「地域への新しい入り口「関係人口」ポータルサイト」によると「移住した「定住人口」でもなく、観光に来た「交流人口」でもない、地域と多様に関わる人々」を指す言葉とされているんじゃよ。*
誰かと関係性をつくるためにはまず存在を知ってもらう必要があるが、ウェブ発信を巧みに使いこなして出会いのきっかけをつくっている事例を、「ユーモア」「住民目線」「クリエイティビティ」の3つのキーワードにまとめて紹介してみるんじゃよ。
9:00

(1) ユーモア——アカの他人の心に、なにがなんでも引っかかりたいという気合いの観光振興

真面目に情報を発信していても、なかなか振り向いてもらえないのが自治体ウェブ発信の難しいところ。ときには変化球を投げるのも効果的。しかしただの悪ノリでは批判を招くので、悪ノリと見せかけて上手なユーモアで心をつかんでいる例をご紹介します。

*「関係人口」ポータルサイト
出典：https://www.soumu.go.jp/kankeijinkou/

ンダモシタン小林 ▶
宮崎県小林市

▼
事例12 — 方言を利用して二度見させる傑作映像

地域交流や定住人口を増やすために始まった「てなんど小林プロジェクト」の一環で作成された、YouTubeのシティプロモーションムービーを紹介します。小林市に住むフランス人が市内を巡りながら豊かな自然、水や星空といった自然、食の豊かさや人の温かさなどを紹介しています。ちなみに「てなんど」とは、「てなむ（一緒に）」という地域の言葉（西諸弁《にしもろべん》）と、地域資源の〝ブランド〟化を掛け合わせた造語です。ネタバレになってしまいますが、字幕が出るのでフランス語だと思っていたら、実は西諸弁だったという衝撃のオチ。もう一度映像を最初から再生したくなる仕掛けになっています。

▶ **Go! Hatto 登米無双**
宮城県登米市

▼
事例13 — 息をもつかせない映像でまちを伝える

次の映像はアクションに見入ってしまう、第6回観光映像大賞受賞作品のYouTubeです。舞台は宮城県登米《とめ》市。のどかな登米

ンダモシタン小林
宮崎県小林市の「ンダモシタン小林（N'da-mo-shita'n KOBAYASHI）」。あるフランス人男性が巡る素晴らしくもちょっぴり不思議な小林市の風景*1
小林市 | 2015年8月26日 公開

Go! Hatto 登米無双
名物“はっと”を御法度にしようと襲い掛かる謎の集団に立ち上がった女性トメのアクションが見事*2
登米市 | 2016年11月28日 公開

*1 出典：https://youtu.be/jrAS3MDxCeA

*2 出典：https://youtu.be/ueWeZKjb2wQ

市に突如現れた謎の集団に立ち向かうおばあさんが、めちゃくちゃ強いのです。公開当時、おばあさんのアクションシーンがＳＮＳで拡散され話題となりました。登米市の場所や読み方さえ知らない人でも、展開が気になってクリックすることで、最終的には郷土料理「はっと」を食べに足を運んでみたくなるはず。奪いあっていたのは絶品郷土料理だった、というオチを見せるまでの間に名所や旧跡が出てくるのも効いています。

(2) 住民目線——地元民と一緒にまちの魅力をアピール

地域外の人を巻き込み、関係人口を増やすためには、まず地元住民を巻き込んでまちの求心力を高めることが大切です。ここでは、住民とともにまちを盛りあげている情報発信についてみていきます。

▼事例14——参加者とTwitterを通じてイベントを盛りあげる

生きた建築ミュージアムフェスティバル大阪
大阪府大阪市

「生きた建築ミュージアムフェスティバル大阪（以下、イケフェス大阪）」は、２０１４年に始まった日本最大級の建築一斉公開イベント（２０１９年は、延べ約５万人が参加）。毎年秋の週末、歴史的な建築や現代の超高層ビル、有名建築家の名作、昭和の雰囲気を色濃く残す街場のバーなど、大阪という都市の魅力を物語る１００件以上の建築が公開されるフェスティバルです。普段は公開されていない建築の特別公開や、オーナー自身による建物解説など、イケフェス大阪でしか体験できない多彩なプログラムに無料で参加することができます。参加者の多くは建物の写真を撮影してＳＮＳ投稿をするのが日課の20～40代の建築好きな層。会期中は参加者が**#イケフェス大阪**のハッシュタグをつけて**Twitter**や**Facebook**、**Instagram**などに発信することが習慣になっており、その投稿を通じたコミュニティは毎年輪を広げています。建物を継承したオーナーの参加も年々増加し、参加者皆が発信するＳＮＳ上の盛りあがりも加速。生きた建築ミュージアム公式Twitterの投稿者である大阪市は、「生きた建築に関する情報を写真などの画像を多用して日常的に発信しています。また、イケフェス大阪開期中は、リアルタイムで各建物の混雑状況などをお伝えするように心がけています」と話してくれました。ハッシュタグの拡散は、ボラン

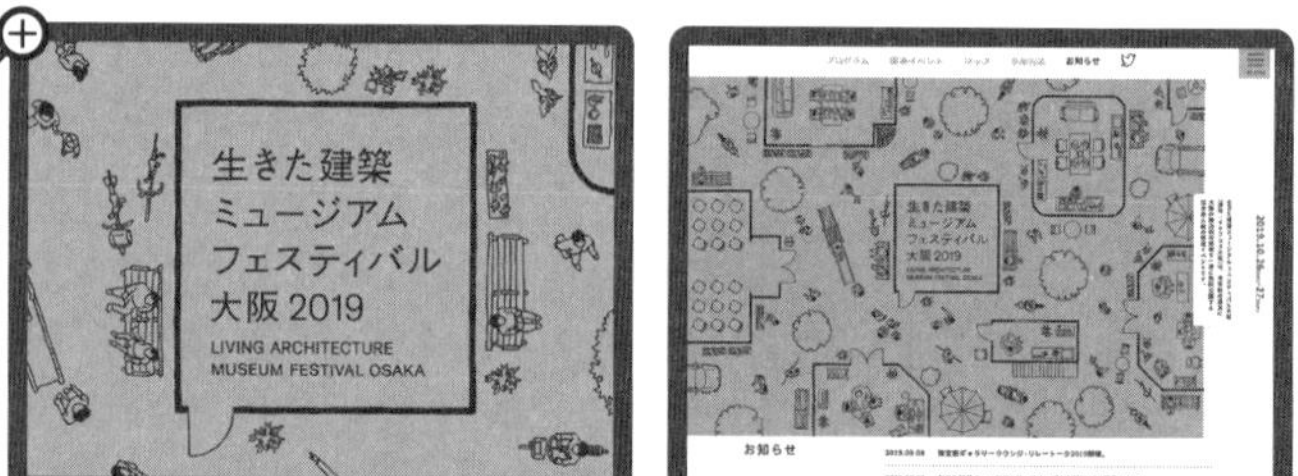

長いときを刻んだ「生きた建築」が、一斉にその扉を開く[*1]

生きた建築ミュージアムフェスティバル大阪 | **大阪市**

[*1] 出典：https://ikenchiku.jp/

ティアの方々の投稿が盛りあげの火付け役として大きく貢献してくれているのだとか。

こ、こすげぇー
山梨県小菅村

▼
事例15 — **村民目線の発信と交流**

続いて山梨県北都留郡小菅村の「こ、こすげぇー」という**ウェブサイト**。特徴的なのは、村民がライターとなって観光情報や村の魅力を発信している点です。運用をしているのは自治体のほかに、株式会社源という小菅村100％出資の株式会社。主に道の駅や温泉、フォレストアドベンチャー（フランス発祥の自然共生型アウトドアパーク）を運営する組織です。

例えばこちらの記事「きのこアドバイザーと行く、楽しい&安全&美味しいきのこ狩り」は、自然豊かな小菅村での休日の過ごし方が村民のレポートでリアルに伝わってきます。村民ライターさん同士も執筆を通じて、普段お話するきっかけがない村民と交流するきっかけになりますよね。

もう1つ紹介したいのは**YouTube**のこちら「小菅村オブザ

小菅村を楽しむ総合情報サイト。小菅村在住のお母さんや地域おこし協力隊など、村に関わりの深い村民ライターが小菅村の楽しみ方を書いている*2

「きのこアドバイザーと行く、楽しい&安全&美味しいきのこ狩り」の記事。村に嫁いだお母さんがお子さんたちと体験した、きのこアドバイザーのガイドによる「山の楽しみ方」レポート。楽しそうな様子が伝わる*3

こ、こすげぇー ｜ **小菅村** ｜ 2017年3月 開設

*2 出典：https://ko-kosuge.jp/

*3 出典：https://ko-kosuge.jp/nature/2958/

デッド」。村のゾンビと戦うゲームをプレイヤーが実況するという設定の動画。「小菅村をもっと楽しくおもしろく」を掲げる株式会社源の寺田寛さんによると、まずは村の存在を知ってもらおうとつくったのだとか。高校生から高齢者まで村民が全面的に協力・出演していて、ゲームのキャラクターとして村長も登場するなど、チームワークが光ります。

寺田さんいわく、公営の部分と財団法人で運営していた部分を統合し、3つの観光施設を始め村のリソースと連携・集約することで、一体的な情報発信を目指すねらいがあるのだとか。村民には魅力を再発見してもらい、来訪者には一度といわず何度も訪れたくなってもらい……と一石二鳥ですね。

ブンカDEゲンキ

秋田県

▼事例16— **迫力のレポート数が伝えるブンカ度**

秋田県の芸術文化活動の情報と人を結ぶ**ウェブサイト**「ブンカDEゲンキ」。県内のさまざまな芸術文化活動の情報やイベントレポートが充実していて、月に一度のメールマガジンも配信しています。

ブンカDEゲンキ

スタッフレポートが充実している「ブンカDEゲンキ」。月に一度のメールマガジンも配信している[*2]

秋田県文化振興課 ｜ 2009年4月 開設

小菅村オブザデッド【実況】

こ、こすげぇーのYouTubeアカウントで配信しており、再生回数は8万回を超えている[*1]

小菅村 ｜ 2017年10月4日 公開

*2 出典：https://common3.pref.akita.lg.jp/bunka/

*1 出典：https://youtu.be/i7L268W6db4

秋田県文化振興課の担当者いわく、「あきた文化交流発信センター」でのイベントレポートはセンターのスタッフが、それ以外の秋田県主催事業については秋田県文化振興課職員が書いているのだとか。2020年6月時点での公開記事は365件ですが、一時は900件を超す本数でした。とにかくこまめに更新されています。しかも前日のイベントをすぐに書いて記録を残すその真摯な姿勢からは、まちぐるみで文化を大切にしている様子がひしひしと伝わってきます。面白い文化活動が日常的に起こるまちは、つい訪れてみたくなりますよね。

事例17 オリジナルソングとダンスで魅せる

君くれハート ▶
広島県呉市

広島県呉市は2018年2月に「呉ＩＮ－呉ＩＮ」という「トレイントレイン」の替え歌で注目を集めました。続いて2019年1月にはオリジナルソングを発表。その名も「君くれハート」。**YouTube**で公開されているミュージックビデオ、ダンスはまさにキレッキレ。思わず最後まで見入ってしまう完成度です。

【公式】広島県呉市オリジナルソング「君くれハート」ダンスレッスン動画<キレキレ編>
作詞・作曲・プロデュースに安室奈美恵さんの「HERO」など数々のヒット曲を手掛けた今井了介さんを迎えたそう[*3]
呉市 | 2019年1月29日 公開

[*3] 出典：https://youtu.be/Bu7C1RYDOZo

1-3 地域ブランディング

PRポイント：ユルさ／キャラ

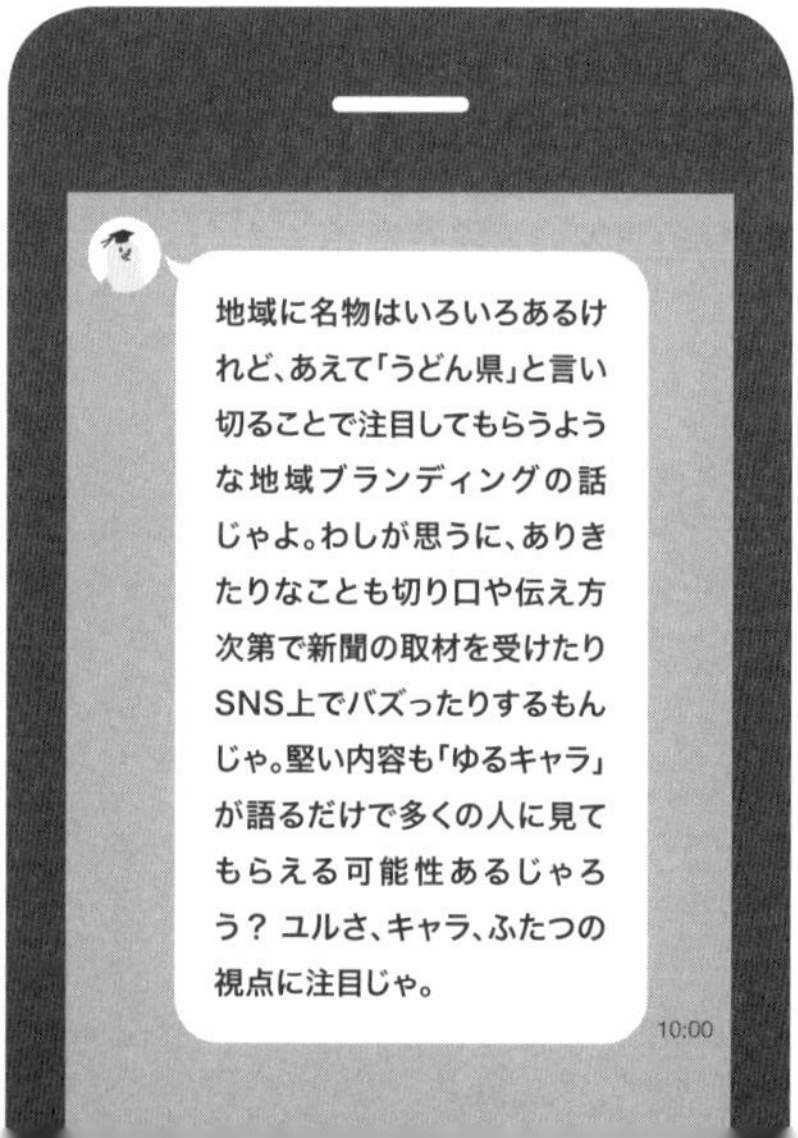
地域に名物はいろいろあるけれど、あえて「うどん県」と言い切ることで注目してもらうような地域ブランディングの話じゃよ。わしが思うに、ありきたりなことも切り口や伝え方次第で新聞の取材を受けたりSNS上でバズったりするもんじゃ。堅い内容も「ゆるキャラ」が語るだけで多くの人に見てもらえる可能性あるじゃろう？ ユルさ、キャラ、ふたつの視点に注目じゃ。
10:00

(1) ユルさ —— まちづくりにはユルさが大事

「まちづくり」というと、真面目でカタいイメージが今もなおありますが、そんな先入観を打破するプロジェクトがいま注目を集めています。

▼ 事例18 — 若者が主役なら、ユルく試してみる

鯖江市役所JK課
福井県鯖江市

「女子高生（ＪＫ）による、ゆるいまちづくり」とのコピーが掲げられているのが、鯖江市役所ＪＫ課です。**ウェブサイト**をのぞくと、地元の企業と協力してアプリ開発やオリジナルスイーツを

つくるなど、まちおこしプロジェクトがいくつも発信されています。ポイントはやはり、担い手が地元の女子高生であること。例えば「ＪＫ課オリジナルスイーツ試作品」はこの投稿のとおり、自治体のコンテンツは思えないほどかわいいデザインです。現在はすでに7期目とのこと。ＪＫ課の卒業生は大学に進学後、地域連携のゼミに入ったり市の市民協働会議に参加したりと活動が発展し、まちに関わる若者の輪は確実に広がっている様子。こうした活動をきちんとウェブサイトに蓄積しているからこそ、次の担い手が集まる継続的な取り組みになります。

鯖江市役所JK課 ブログ
JK課オリジナルスイーツ試作品完成発表会の様子*
鯖江市｜2018年7月16日 公開

▼事例19 — **武将とタイアップ?!**

石田三成×滋賀県
滋賀県

全国初?!の県が武将とタイアップした**ウェブサイト**「石田三成×滋賀県」。自治体の特設サイトの中でも圧倒的に注目度が高いようで、「はてなブックマーク」でのブックマーク数は現在１１８を超えています（２０２０年6月14日調べ）。

コンテンツのつくり方も面白く、「拝啓 石田三成様」という手紙をしたためたりレトロでシュー

* 出典：https://ameblo.jp/sabae-jk/entry-12391934849.html

ルな石田三成ＣＭなるものを制作したりと、誰かにツッコんでもらうためのボケに徹する姿勢が見事です。もちろん、ゆかりの観光地情報も充実。末尾には〝石田三成をシェアする〟と書かれたTwitterとFacebookの異様に大きいシェアボタン。サイトでなく武将のシェアを促す発想も面白いですね。自治体でもここまで振り切れてしまえるのか、と勇気をもらえます。

石田三成×滋賀県 ポータルサイト

冷酷非情と捉えられがちな石田三成さんを「まっすぐに生き続けた武将」とポジティブに地元のスターとして取りあげている*1

滋賀県 ｜ 2016年3月3日 公開

*1 出典：http://mitsunari.biwako-visitors.jp/

(2) キャラ――まちへの愛着を〝育てていく〟という考え方

自治体のご当地キャラは、熱のあるファン層を形成します。ＳＮＳで可視化されたユルいコミュニティでファン同士が結びつき、ご当地ゆるキャラ（地域のプロモーションに活躍するご当地マスコット）のペンケースや下敷きなどのグッズ展開も盛んです。ここからはファンを増やしつづけているゆるキャラのウェブ発信に注目します。

▼ 事例20―**広範囲にファンを増やしつづける**

Fb すさきすきキャラ しんじょう君
高知県須崎市

高知県須崎市のゆるキャラ「しんじょう君」のFacebookページ。ゆるキャラなのに最近はｅスポーツ（オンライン対戦式のスポーツゲーム）で活躍していて、国外のｅスポーツ界隈でもにわかに注目を集めているよう。特筆すべきは、効果的な画像の使い方です。例えばこちらの投稿。なにかを机に並べたところでしんじょう君が涙しています。投稿に添えられた**ブログ**（81頁）のリンクをクリックすると、２０１９年に全世界から２０００通以上の年賀状が届いたうれし涙であることがわかります。リンク先へ誘導するテクニックがお見事。須崎市役所元気創造課によれば、公式**Twitter**や**Facebook**はしんじょう君本人が、ブログは運営スタッフが一人称としているのだとか。**Instagram**は完全に海外向けとして活用され、すべて英語で発信されています。さらには**Tiktok**（80頁）も活用しているしんじょう君。ｅスポーツにTiktokと時代にも敏感でグローバルに動きまわり、若者からも支持を集める発信の姿勢はとても参考になります。

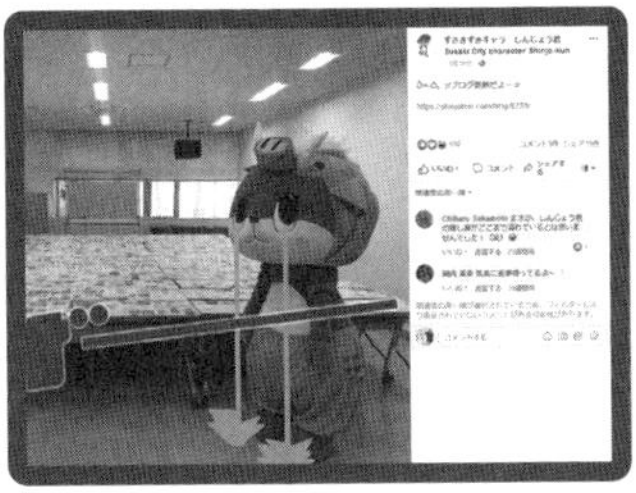

日本を含めフランス・イギリス・アメリカ・香港・台湾・韓国・タイ等10か国から2200枚を超える年賀状が届いたことを報告し、うれしくて号泣しているしんじょう君[*3]

残念ながら絶滅種指定されてしまったニホンカワウソ（須崎市の新荘川で最後に確認された）の友だちを探しにしんじょう君は旅をしている[*2]

すさきすきキャラ しんじょう君 | **須崎市** | 2019年1月16日 公開（左）／2013年4月17日 公開（右）

[*2] 出典：https://www.facebook.com/sinjokun/

[*3] 出典：https://www.facebook.com/sinjokun/photos/a.354184964682733/1611873082247242/?type=3&theater

初音ミク×千葉市章 SNS

千葉県千葉市

▼ 事例21 ―

1日限定で市章をチェンジする

千葉市は2017年8月31日、1日限定で市章をバーチャル・シンガー「初音ミク」（歌詞とメロディを入力して誰でも歌を歌わせることができる「ソフトウェア」のキャラクター。同日が発売記念日）とコラボレーションした特別デザインにしました。なんと、市章と初音ミクが「似ている」とネットで話題になったことが縁となったそうです。イベント『初音ミク「マジカルミライ」』が毎年、千葉市の会場で行われていることもあり、イベント応援（千葉市後援）の一環で実現されました。見習うべきは、時事ネタをキャッチしてパッと実行できるフットワークの軽さ。

2018年度、2019年度も初音ミクとコラボレーションを果たした千葉市役所文化振興課の樺澤《かばさわ》翔平さんにその反響をお聞きしました。

「Twitter等のSNSで情報発信をすると、コラボレーションに対するたくさんの好意的な反応をいただけました。こうした反応

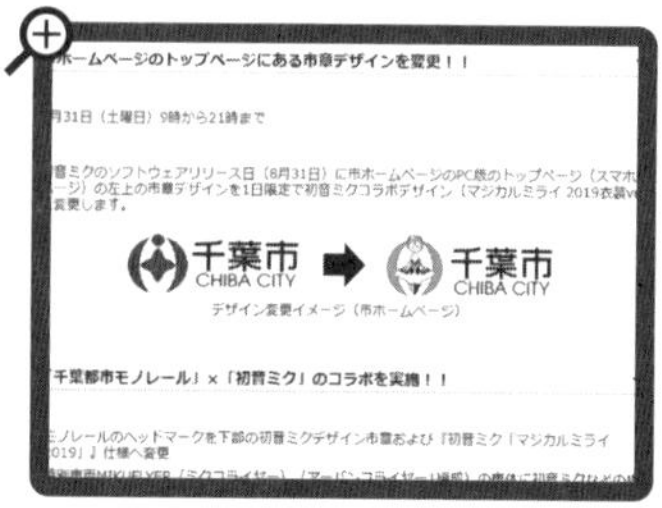

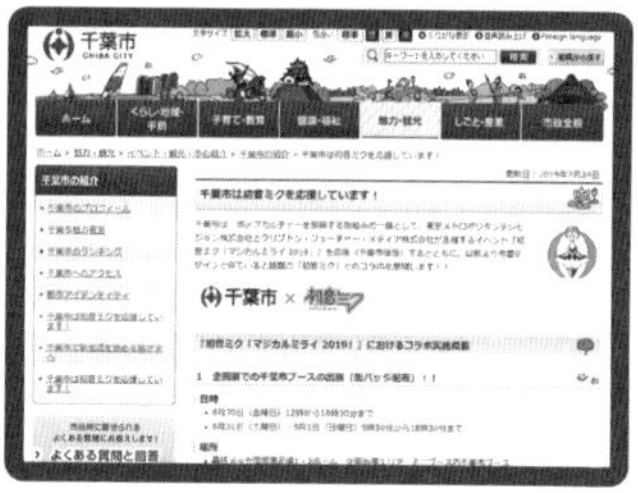

以前から千葉市の市章デザインと似ていると話題になっていた「初音ミク」とのコラボを展開[*1]

初音ミク×千葉市章 | 千葉市 | 2019年7月24日 更新

[*1] 出典：https://www.city.chiba.jp/shimin/seikatsubunka/bunka/event/miku31.html

を知ることができたのもウェブによる情報発信の効果だと感じております」。ネット界隈で活発なポップカルチャーコミュニティでの大きな反響はまさに狙いどおりですね。

いばキラTV ▶
茨城県
▼

事例22 ― VTuberアナウンサーがまちの魅力を発信

VTuber（バーチャルYouTuberの略で、外見がCGやイラストのキャラクターであるYouTuberのこと）の茨《いばら》ひよりが茨城県のYouTubeサイト「いばキラTV」のアナウンサーとなり、茨城県の魅力を発信しています。

茨城県の発表資料によれば茨ひよりが登場して以降、9カ月で登録者約3万人が増えたのだとか。現在彼女は外国語を勉強中で、今後海外に向けた動画の制作、配信なども行っていく予定のようです。VTuberによる発信は、今後ほかの自治体でも需要がありそうですね。

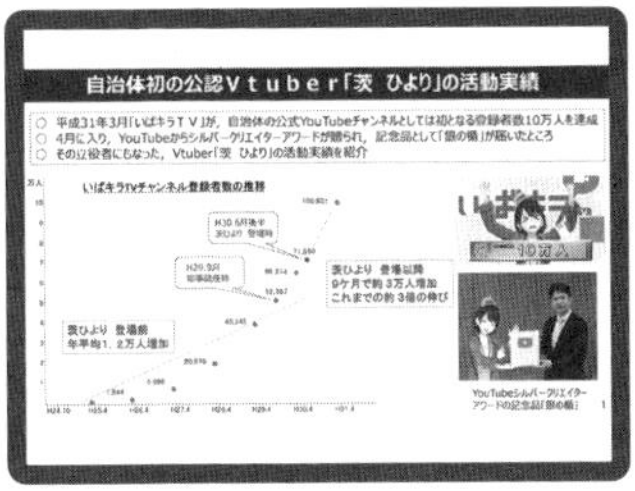

茨城県営業戦略部プロモーション戦略チームによって制作された茨城県公認Vtuber「茨 ひより」の活動1周年の活動実績を伝えるスライド*3

広報課 VTuberチームのアナウンサー「茨ひより」による番組。出典元は生配信され、視聴者のリプライを見ながらコメントするなどインタラクティブに放送されたことが伝わる*2

いばキラTV ｜ 茨城県 ｜ 2019年6月3日 公開（右）

*2 出典：https://www.youtube.com/user/ibaraki/

*3 出典：https://www.pref.ibaraki.jp/bugai/koho/hodo/press/19press/documents/ibarahiyori.pdf

2章

まだまだフィールドは広い！あらたなチャレンジ

2-1

防災

環境

コミュニティ

次の時代を拓く行政サービス

(1) 防災 —— 不安な住民に寄り添う情報発信を心がける

地震や豪雨災害など、天災が起きると注目されるのは自治体の防災アカウントです。実は有事こそ、ＳＮＳの情報発信が最大の威力を発揮します。ここでは、実際に起きた出来事とあわせて、住民を支える自治体のアカウント運用のコツを紹介します。

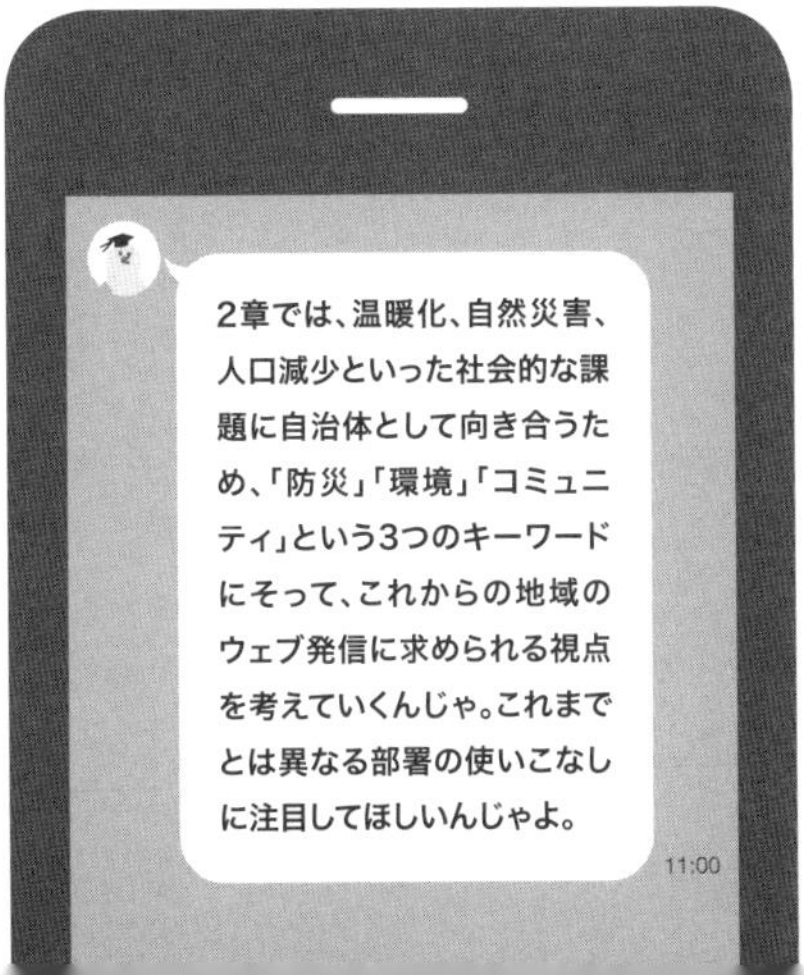
2章では、温暖化、自然災害、人口減少といった社会的な課題に自治体として向き合うため、「防災」「環境」「コミュニティ」という3つのキーワードにそって、これからの地域のウェブ発信に求められる視点を考えていくんじゃ。これまでとは異なる部署の使いこなしに注目してほしいんじゃよ。
11:00

高槻市防災情報 Tw
大阪府高槻市

▼ 事例23 ― 大阪北部地震・震度6の震源地のTwitter

２０１８年６月18日午前８時ごろ、大阪府北部で震度６弱の地震が発生しました。震源地は高槻市です。地震発生の３分後に高槻市防災情報の公式Twitterは迅速に情報を発信し、その後も市民のために情報を提供しつづけました。筆者も高槻市の南にある寝屋川市に住んでいるため、大きな揺れを感じました。しかし当時寝屋川市には公式Twitterや防災アカウントがなかったので、高槻市や隣の枚方市のアカウントをチェックすることに。有事は電話回線がパンクしたり停電が起こったりと、情報を取得する手段が限られます。災害が頻発する近年においては、有事の時でも通信障害が起こりづらいＳＮＳの活用は必須です。

後日、震度４を記録した大阪市の天王寺区役所市民協働課で働く山中正則さんにも当日の動きを尋ねると、区役所内に災害対策本部を立てて被災状況の確認や大阪市本部への連絡で本人も手一杯、広報担当者も地震の影響で登庁が遅れ、ＳＮＳで発信している余裕はなかったと話します。その経験から、広報担当者が不在でも情報を提供できるよう、災害対策本部にＳＮＳアカウントの操作マニュアルをつくって置くようにしているのだとか。災害対応については５

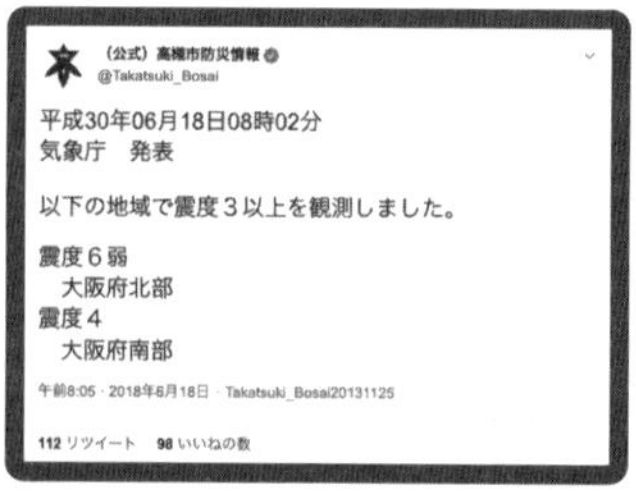

高槻市防災情報
大阪府の「おおさか防災ネット」から発信される地震情報と連動するよう設定されている[*1]
高槻市 | 2018年6月18日 公開

[*1] 出典：https://twitter.com/Takatsuki_Bosai/status/1008485905823199232

章６節（194頁）でも詳しくまとめていますのでぜひ目を通してみてください。

事例24 ─ 豪雨時の倉敷市Twitterの活躍

倉敷市（平成30年7月豪雨災害支援情報トップページ）
岡山県倉敷市

まだ記憶に新しい２０１８年７月豪雨。特に大きな被害を受けた岡山県倉敷市は、被害状況が明らかになってから支援情報をまとめた特設**ウェブサイト**を作成。スピード感のある対応が多くの人の不安を払拭しましたが、さらにすごいのは、特設サイト開設までの緊急対応は**Twitter**を駆使してリアルタイムで発信したことです。倉敷市のために「なにかできることがしたい」とＳＮＳユーザーが動き出そうとするなか、すかさず「支援物資を受け付けていない」「体制が整っていない」ことを倉敷市の公式アカウントが投稿したことで、皆が冷静になれたと思います。有事には、どの部署の人が更新するか、どういう文言がふさわしいかなどといったルールを乗り越えて、住民ファーストな発信が求められますね。その結果、Twitterを介して、住民だけでなく多くの近隣県や日本全国、あるい

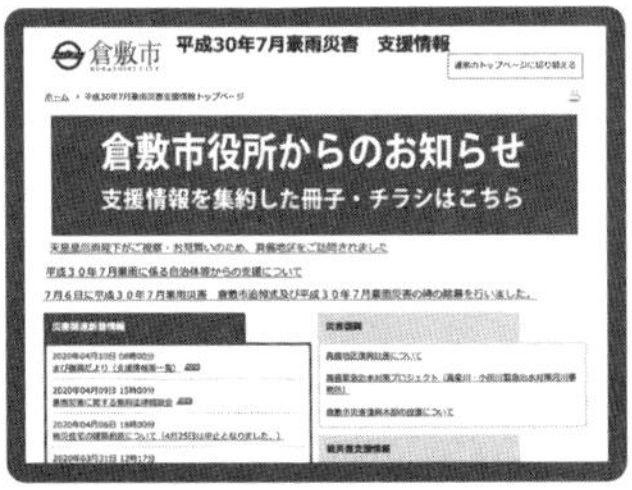

倉敷市（平成30年7月豪雨災害支援情報トップページ）
倉敷市の支援情報をまとめたサイト[*3]

倉敷市

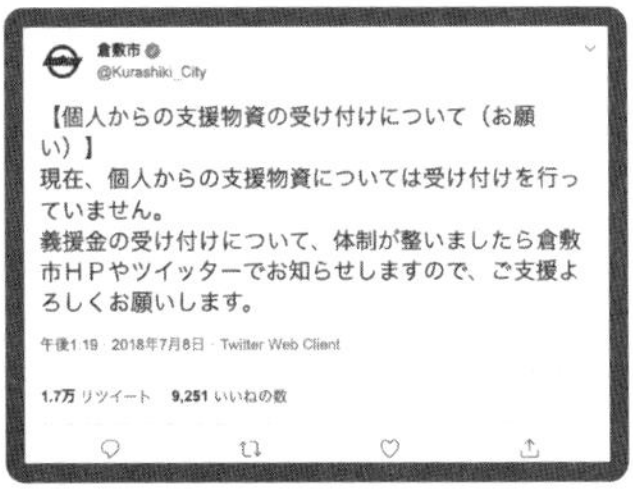

倉敷市
個人からの支援物資については受け付けを行っていません、という趣旨の投稿[*2]

倉敷市 ｜ 2018年7月8日 公開

[*2] 出典：https://twitter.com/Kurashiki_City/status/1015812641552457728
[*3] 出典：http://www.city.kurashiki.okayama.jp/32987.htm

は海外まで、さまざまな支援の輪が広がりました。

大西一史 熊本市長 Tw
熊本県熊本市

▼事例25― 災害時のデマ対応は適切かつ迅速に

2016年4月16日には、震度7の熊本地震が発生しました。その直後、残念なことに1人の悪ふざけによって「近くの動物園からライオンが放たれた」というデマがTwitterで拡散されました。南アフリカのヨハネスブルク中心地のまちを歩くライオンの写真を添えて投稿されたこの投稿は、瞬く間に広がってしまいます。その結果、熊本市動植物園の職員は、災害対応に駆け回るなか100件を超える電話対応に追われたそうです。その後、デマツイートを流した神奈川県の青年は業務妨害で逮捕され、不起訴処分となりました。デマに気づいた熊本市長の大西一史さんは、公式の情報を自らのアカウントで発信しました。

その後もデマを防ぐため、自ら各所に連絡して正しい情報を発信した大西市長の迅速な対応が、余計な炎上を消し止めました。

また、こちらはその半年後、台風接近時に熊本市LINEアカウントから届いたメッセージの全文です[*2]。

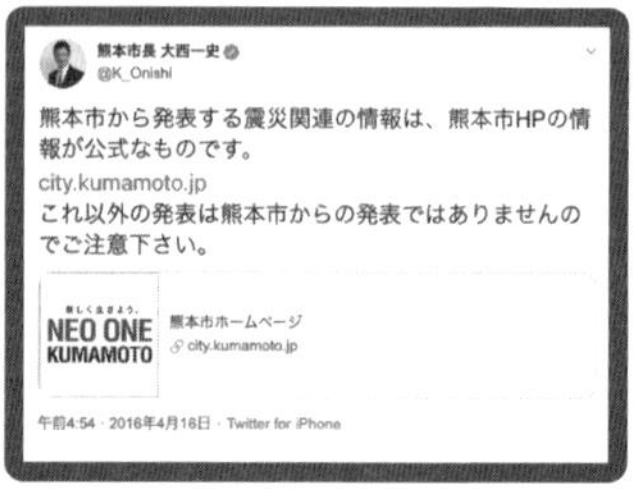
熊本市長 大西一史
@K_Onishi
熊本市から発表する震災関連の情報は、熊本市HPの情報が公式なものです。
city.kumamoto.jp
これ以外の発表は熊本市からの発表ではありませんのでご注意下さい。
NEO ONE KUMAMOTO
熊本市ホームページ
city.kumamoto.jp
午前4:54 · 2016年4月16日 · Twitter for iPhone

熊本市長 大西一史さん Twitter
正しい情報源のパーマリンクを伝えるツイート。コメント欄には住民からの情報や、市長を気遣う住民のコメントが並ぶ[*1]
熊本市 | 2016年4月16日 公開

[*1] 出典：https://twitter.com/K_Onishi/status/721064246516146176

台風24号接近に伴う自主避難者の受入れについて熊本市水防本部よりお知らせします。台風24号の接近に伴い、本日9月29日17時00分より自主避難者の受け入れ施設を開設します。
自主避難をされる際は、食料や水、常備薬、毛布など必要品を持って避難してください。また、暗くなってからや雨風が強くなってからの避難は大変危険です。明るいうちに早めの避難を心がけましょう。
※避難所閉鎖の際は、ごみの持ち帰りなどマナーの遵守をお願いします。
詳細は熊本市ホームページをご覧ください。

この時期自宅にとどまるか、避難所に行くか考えていた人にとって、雨風が強くなってからの避難は危険というメッセージは、最善の選択を促す投稿だったのではないでしょうか。LINEはTwitterと違い、ユーザー側がTwitterを起動して閲覧しに行かなくても登録しておけば自分の手元（スマートフォン端末など）にプッシュ型（届けたい情報をメールのように自動的に配信すること）のメッセージとしてやってくるため、有事に強力な効果を発揮します。

(2) 環境 ―― ユルいイラストと写真で真面目に楽しく

近年は気候変動対策などますます意欲的な対応が求められる分野ですが、どうしても真面目さや正

*2 出典：**熊本市公式LINE** ｜ 2018年9月29日 公開
https://page.line.me/kumamotocity

しさが先行しがちな環境に関する社会課題。そんななかでも、特に楽しくわかりやすく発信することを心がけている好例をご紹介します。

ワケルネット
宮城県仙台市

▼

事例
26

ゆるキャラの力で キャンペーンの効果アップを狙う

「ワケルネット」は仙台市のごみ減量・リサイクル情報をまとめた**ウェブサイト**です。特筆すべきは「みんなですすめよう3R」に掲載されたワケルファミリーの昭和感が微笑ましいイラストとそこに添えられたコメント。家庭ごみの約8割は資源物の分別と生ごみ減量の工夫で減らせることなど、ゆるキャラに話してもらうことでスッと頭に入ってきます。また、**Twitter**アカウントではワケルファミリーの一員、ワケ猫ちゃん(120頁)が10日に一度ぐらいのペースでリサイクル情報をユルくつぶやいてくれます。堅苦しくも押しつけがましくもない頻度がちょうどよく、自然と分別やリサイクルへの心がけが維持できます。

ごみ減量の合言葉「3R(スリーアール)」はReduce(リデュース)、Reuse(リユース)、Recycle(リサイクル)の総称*2

仙台市のごみの出し方や、ごみ減量の取組みについて掲載*1

ワケルネット | **仙台市環境局家庭ごみ減量課** | 2004年 開設(右)

*2 出典：https://www.gomi100.com/3r/about/000015.php

*1 出典：http://www.gomi100.com/

環境ウェブサイトたまきさん

宮城県仙台市

事例27 環境を楽しく考えるしかけ

こちらは仙台市環境局環境共生課がつくる**ウェブサイト**「たまきさん」。ホームページのヘッダーに記載された解説によれば「環境という字をひっくり返すと……境環？さかいたまき？」と遊び心から生まれた謎のキャラ、環境好き「たまきさん」がブログを書いているという体裁になっています。こちらもワケルネットと同じく、脱お役所文章を狙ったもので、肩肘

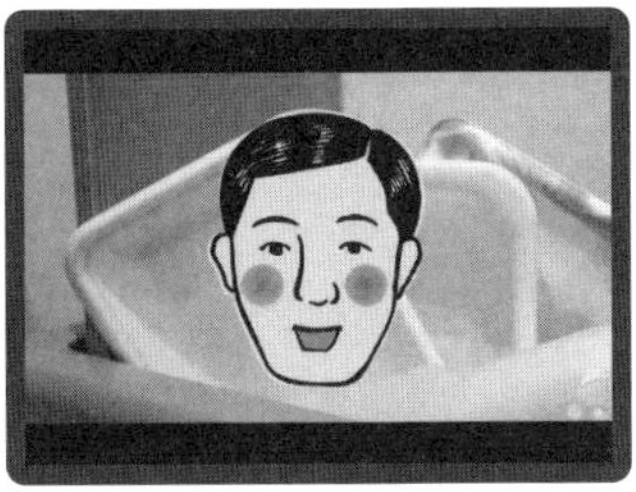

仙台のごみの現状啓発DVD
「知ればなるほど！ごみを減らすワケ！」
生活に身近なごみのことを考えるきっかけとなるわかりやすい動画[*3]
仙台市 | 2016年2月22日 公開

ワケ猫ちゃん
仙台市100万人のごみを減らそうぜという気持ちが伝わってきます[*4]
仙台市 | 2010年9月8日 開設

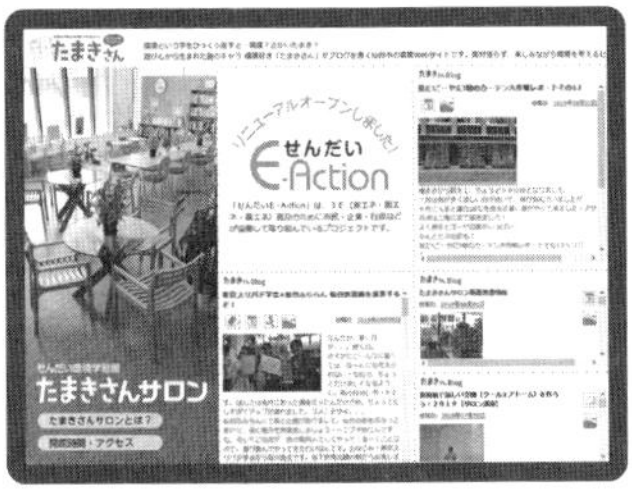

仙台市環境ウェブサイトたまきさん
楽しみながら環境を考えるヒントがいっぱい[*5]
仙台市環境局環境共生課

[*5] 出典：https://www.tamaki3.jp/

[*3] 出典：https://youtu.be/yVhfqR0yaJE
[*4] 出典：https://twitter.com/wakeneko

張らず、楽しみながら環境を考えるヒントが詰まっています。

さらに文章だけでなく、環境を学べるサロン講座も盛りだくさんで、コンテンツだけでなくコミュニティも上手に形成されていて、**Facebookページ**に楽しんでおられる様子がアップされていますね。仲間がいれば環境改善への取り組みにやる気もでます。

▼ 事例28 ― 道路の異変を通報できる

四條畷市LINE LI
大阪府四條畷市

2007年にイギリスの団体がはじめた「Fix My Street」という**ウェブサイト**があります。道路の破損、落書き、街灯の故障、不法投棄などの地域課題を、市民がスマートフォンから通報し、解決・共有していくための仕組みです。日本では千葉県千葉市や愛知県半田市などが活用しています。また、大阪府四條畷《しじょうなわて》市ではこの仕組みを**LINE**で取り組んでいます。

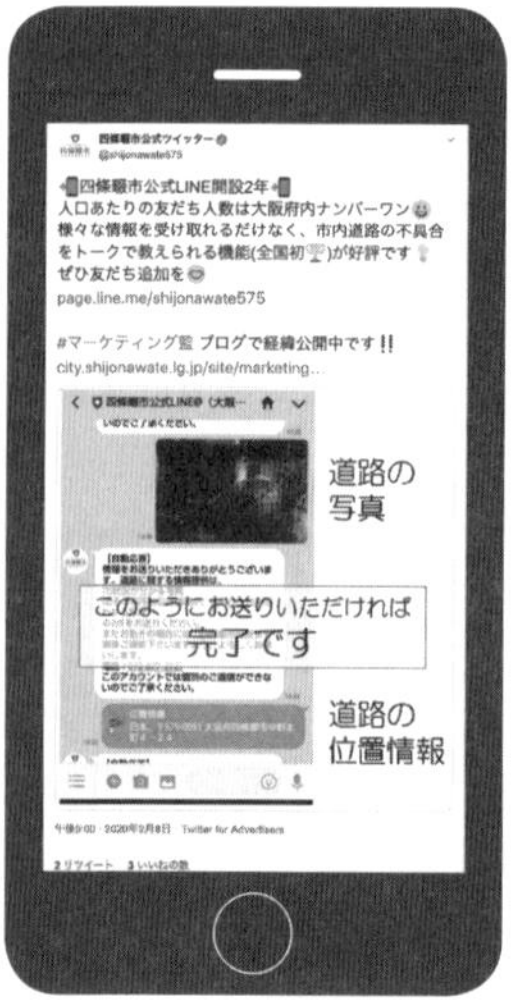

四條畷市LINE
四條畷市の管理する道路の異変に関して通報できる仕組みを2018年2月にリリース[*2]
四條畷市 ｜ 2020年2月8日 公開

仙台市環境ウェブサイトたまきさん
公式キャラ「たまきさん」は40代既婚の男性で、環境意識が強く、チャリンコが大好きという設定のよう[*1]
仙台市 ｜ 2011年12月20日 公開

[*1] 出典：https://www.facebook.com/tamaki3sendai/
[*2] 出典：https://twitter.com/shijonawate575/status/1226053048163655681

札幌市ヒグマ出没情報
北海道札幌市

▼事例29 — 野生動物の過去の出没情報をアーカイブできる

札幌市にはGoogleマップを活用したヒグマ出没情報の**ウェブサイト**があります。地図へのリンクから札幌市全体を選び、2018年から現在までのアーカイブ情報をGoogleマップ上に重ね合わせると、過去にヒグマが出没した場所がだいたいわかります。Googleマップの「新しい地図を作成する」という機能の上手な活用方法です。意外にも札幌市のまちなか近辺に出没していることが一目でわかり、住所一覧より視覚的なインパクトがあります。

(3) コミュニティ —— オンライン上にある地縁型コミュニティ

さらにコミュニティを特化させるため、既存の媒体上ではなくオリジナルのプラットフォームをつくってまちの魅力を受発信する自治体があります。自治体ウェブ発信を通じたコミュニティづくりについては、6章でも詳しく述べますが、先に少しだけご紹介します。

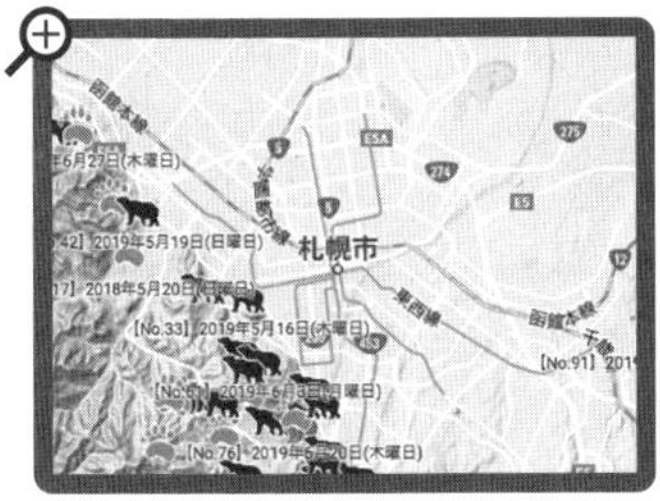

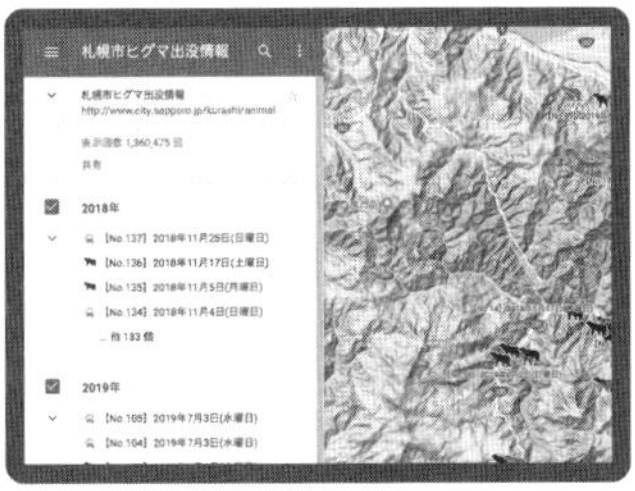

アイコンの黒い熊がヒグマ、赤い熊がヒグマの親子、?がおそらくという推測情報、足跡が足跡やフンなど生息した形跡を示している*3

札幌市ヒグマ出没情報 | **札幌市** | 2012年4月 公開

*3 出典：http://www.city.sapporo.jp/kurashi/animal/choju/kuma/syutsubotsu/index.html

日刊わしら
広島県

▼ 事例 30

県初オンライン上に住民コミュニティをつくる

「日刊わしら」は〝ひろしま好きのための広島県営のSNS〟です。一見するとブログ全盛期に流行ったブログポータルサイトと似ていますが、この**ウェブサイト**が県営でつくられた背景には、「広島」をテーマに共通の関心を持つユーザー同士がつながり、サイト内で生まれたアイデアや課題解決を実現することへの期待があったのだとか。サイトを運営する広島県ひろしまブランド推進課によると課題解決と言えるほどの実例はまだ出てきていないものの、各地域をテーマにした地域おこし企画は表のような実践

	主旨	形態
#宮島フォトコン 企画	宮島の「映える」写真の投稿を募集	ナイトツーリズムを企画する「ひとときの宮島星空旅行」実行委員会が、「日刊わしら」上の実行委員会アカウントから宮島の魅力を伝える写真を募集・選考・投稿
	【投稿一覧】https://washira.jp/tags/宮島フォトコン	
#ミュージッ呉ステーション 企画	呉市の公式キャラクター「呉氏」の新曲に推薦したい曲を大喜利形式で募集	・「呉氏」をゲスト編集長（1週間限定の編集長）に招き、特設サイトから募集 ・「日刊わしら」上の呉氏アカウントから各作品へのコメントや優秀作を選考
	【特設サイト】https://washira.jp/special/weekly/vol5"https://washira.jp/special/weekly/vol5 【投稿一覧】https://washira.jp/tags/ミュージッ呉ステーション	
#行ける広島県 企画	2018年7月の豪雨災害で観光も大きな被害を受けた広島県。県観光課が仕掛けた"観光地への県内移動手段と復旧状況"をPRする観光キャンペーン「行ける！広島県」と連動し、「日刊わしら」ユーザーからの投稿（実際に県内各所へ問題なく行けて観光を楽しんだレポート）を募集	観光課のキャラクター「押井さん」をゲスト編集長に招き、特設サイトから募集
	【特設サイト】https://washira.jp/special/ikeru2018/ 【投稿一覧】https://washira.jp/tags/行ける広島県	
「月刊わしら白書」の発刊 ※「日刊わしら」からのスピンオフによるウェブマガジン	広島の県民性に加え県内各地の個性豊かなエリア特性をテーマに、直近1ヵ月間にサイト内で登場したキーワードや話題の分析などを交えながら、編集長による解説記事を掲載	「日刊わしら」編集長の執筆によるウェブマガジン
	【月刊わしら白書】https://mag.washira.jp/monthly/	

「日刊わしら」で生まれた各地域の企画　出典：https://washira.jp/

例があるといいます。

広島カープの戦績、地域のおいしいお店、県民性と、投稿やコメントを通じて日々情報を共有し盛り上がるユーザーの皆さんの様子に、一定の手ごたえを感じているそう。

月刊わしら

広島県営SNS「日刊わしら」からひろしま人の県民性まるはだかマガジン「月刊わしら」も誕生*

広島県

* 出典：https://mag.washira.jp/

2-2

顔の見える自治体づくり

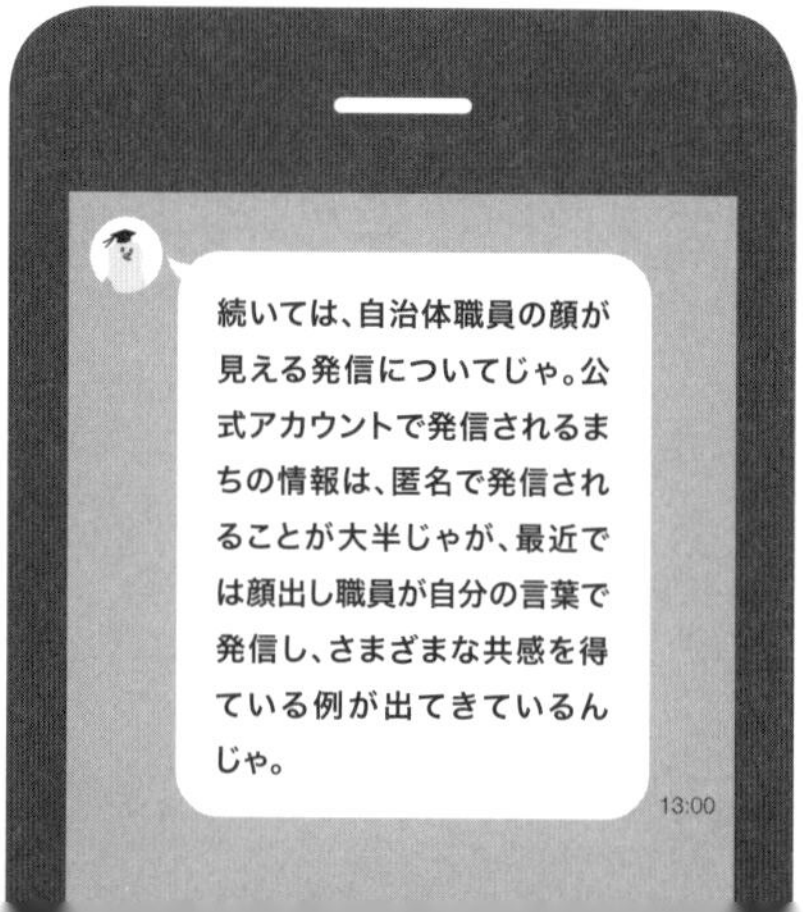
続いては、自治体職員の顔が見える発信についてじゃ。公式アカウントで発信されるまちの情報は、匿名で発信されることが大半じゃが、最近では顔出し職員が自分の言葉で発信し、さまざまな共感を得ている例が出てきているんじゃ。
13:00

事例31 ― 脱縦割り！ 部署横断型YouTubeチャンネル

かなチャンTV
神奈川県

YouTubeチャンネルを開設した自治体は複数ありますが、元キャスターの知事が届けてくれる神奈川県のチャンネルは抜群にわかりやすく、唯一無二のコンテンツになっています。また、それぞれの部署の担当者が顔出しで登場するので、神奈川県庁の存在がぐっと身近に感じられます。神奈川県政策局知事室広報戦略担当の大塚美保さんによれば、各県庁アナウンサーは県職員の中で公募し、所属部署の担当業務と時間をやりくりしながら兼務しているそうです。各担当者がアナウンサー業務を含めたさまざまな広報ノウハウを蓄積し、県全体の広報力強化につなげる狙いがあるのだとか。

「できる限り視聴者の目線に立ち、県民の皆様の知りたい情報をわかりやすくお伝えすることを意識して動画を制作しています」と大塚さん。現在チャンネル登録数は2万人以上（2020年6月17日現在）。登録者数以外にもさまざまな指標を総合的に見てより良い媒体効果を追求していきたいと考えているそう。何年も続けば、とても魅力的な地域ニュースのアーカイブになりそうですね。

かなチャンTV*1

かなチャンTVアナウンス室*2

業者に丸投げすることなく、自治体職員が自らまちを語る姿は好感がもてます

神奈川県

*1 出典：https://www.youtube.com/user/KanagawaPrefPR
*2 出典：http://www.pref.kanagawa.jp/osirase/1197/ktv/a-room.html

▼事例32 ― **コストをかけず、ど肝を抜く情報公開で全国から着信あり**

〝職員の心意気を伝える〟という点で群を抜いているのが、静岡県熱海市です。熱海市のホームページに貼られた、その名も「ADさん、いらっしゃい！」という一風変わったバナー。なんと、熱海市の「旅」や「グルメ」の情報番組やバラエティ番組、映画・ドラマのロケをなんと24時間〝無料〟でサポートしてる**ウェブサイト**です。

このサービスを始めたのは観光経済課の山田久貴《ひさたか》さん。しかもサイトには山田さんの携帯電話番号が堂々と掲載されています。昼夜問わず働く番組制作会社のＡＤさんのためとはいえ圧倒的な覚悟。なんとしてでも熱海市を盛りあげたい気持ちが伝わってきます。

民間企業出身の山田さんがこの事業をはじめてから、熱海市のメディア露出量は急増。観光客数も右肩あがりで上昇しているそうです。現在は山田さんと部下１名の計２名体制ですが、各メディアからの問い合わせなどは一貫して山田さんが応対しているのだとか。部下の方は神奈川県南足柄市から交流職員として出向してきている職員さんで、庶務やロケがブッキングした際に山田さんのサポートをしてくれているそう。

ちなみにこの書籍制作の問い合わせメールのお返事も熱海市さんがダントツに早く、わずか数時間後に返信がありました。テレビ業界のスピード感が染みついているのでしょう。きっと筆者同様、問い合わせた人はもれなく熱海市の好感度が急上昇しているはず。一度といわず二度三度、テレビ局が熱海市をロケ地に選ぶ理由がよくわかりました。

ADさん、いらっしゃい！

「ADさん、いらっしゃい！」と銘打ち、ロケを積極的に無料でサポートと記載するなど、番組制作会社が喜ぶ情報が並ぶ*

熱海市観光建設部観光経済課
メディアプロモーション推進室 | 2018年 1月17日 公開

* 出典：http://www.city.atami.lg.jp/locashien/1001916.html

第2部

ウェブの使い方

基本編

第2部では、特に注目したい“自治体ウェブ発信の現在形”を紹介した第1部の情報発信例をインプットしたうえで、一度基本に立ち戻ってみましょう。3章では、全国の自治体で現在どのようなウェブサービスが活用されているのかを体系的につかみ、それらの特徴と運用の舞台裏を比較しながら、必要なツールを見極めたり見直したりしてみてください。4章では、さらにあらゆる自治体ウェブ発信事例から、効果的な情報発信のテクニックを解説します。

3章

まずは知っておきたい ウェブ発信の基本ツールと心構え

3-1 あなたのまちも、もう一工夫してみませんか？

今朝、筆者がスマートフォンのアラームで目を覚ますと同時に、Googleアラートが最新ニュースを知らせてくれました。Googleアラートとは、例えば「地方自治体」や「ふるさと納税」など気になるキーワードを登録しておくと、関連する新着ニュースを決まった時間に届けてくれるウェブ上の便利な通知サービスです。ここ2、3年は、スマートフォンの画面をスクロールしながら、登録している10程度のキーワードにまつわる記事の見出しをざっとチェックするのが毎朝の日課となりました。でもすべての記事を読むわけではありません。読み進めるのは、せいぜい1つか2つ。見出しのフレーズにグッと引き込まれたニュースだけです。

いまや「地方自治体」というキーワードでピックアップされる自治体や観光協会のウェブサイト、特設サイト、ソーシャルメディアのアカウントは無数に存在します。つまり、情報を発信するだけでは十分とはいえず、せっかく開設したのにうまく活かしきれず埋もれてしまう例も少なくありません。筆者自身がGoogleアラートの一部のニュースしか読まないように、見てもらうにはそのための工夫がいるのです。

自治体職員も例に漏れず「良い情報発信」への意欲を問われている時代。この本でお伝えしたいのは、ちょっとした心がけ次第で、数ある情報の中から選ばれる、あるいは本当に届けたい人にしっかり届く発信になるなら、もう一工夫してみませんか？ということです。

3-2 自治体・観光協会が活用しているウェブメディアの種類と特徴

ここからは、発信媒体の種類について詳しく見ていきます。TwitterやFacebookに代表されるＳＮＳやブログなど、ウェブ発信とひとくちにいってもその数や種類は膨大です。本章ではまず、２０１９年６月現在の日本国内で利用されている代表的な10のウェブサービス＊の特徴を、本書の主役である自治体・観光協会の活用例を通して解説していきます。

ちなみに、自治体の利用傾向として、日本全国47都道府

ウェブサイト
Tw
Twitter
Fb
Facebook
In
Instagram
YouTube
LI
LINE
クックパッド
Tu
Tumblr
J W
Jimdo/Wix
+
ブログ

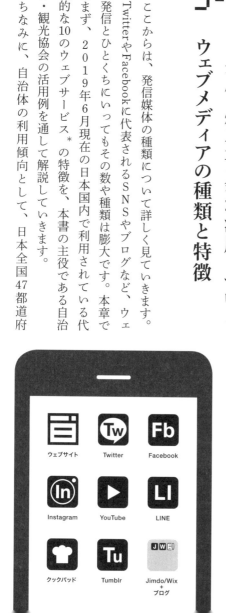

県の都道府県庁と市役所、区役所、町役場、村役場、さらに観光協会のアカウントを調べてみたところ（2019年7月筆者調べ）、Twitterを活用しているのは2226アカウント、Facebookページは4049アカウント、Instagramは701アカウント、YouTubeは1050アカウント、blogは270アカウント、LINEは162アカウントでした。そのあとに、クックパッドや中国のソーシャルメディアである微博《ウェイボー》が続きます。

これだけあるのですから、すでにこのサービスを使っているとか、毎日この媒体をチェックしているという読者の方も多いかと思います。すべて使ってみたことがある、という方は3章は読み飛ばしてもらってもかまいません。一方で一度も使ったことがない、あるいは閲覧したことすらないサービスが含まれていたら、本書を読むだけでなく、GoogleやYahoo! などの検索ボックスにそのサービス名を入力してみてください。どんな特徴をもったサービスなのかを知るには、まず体験するのがいちばんです。面白そうだなと感じたら、あなたの今の立場でどんなふうに活用できそうかを考えるのもよいかもしれませんね。

それでは、各サービスの特徴を見ていきましょう。

* ここで紹介するサービスは、2018年の総務省の「情報通信白書」の分類を参考に筆者がセレクトしている

出典：**総務省 平成30年版 情報通信白書**
https://www.soumu.go.jp/johotsusintokei/whitepaper/ja/h30/html/nd142210.html

(1) なにはなくとも玄関口 ウェブサイト

住民サービスや地域情報の玄関口として「まちの顔」になるのが、自治体のウェブサイトです。自治体名を検索すると、だいたい1番目に自治体のウェブサイトが表示されます。一般的に全国の自治体のウェブサイトは、転入・転出などで必要な行政手続きや議会の審議など、住民に知らせる義務がある情報の「デジタル掲示板」として作成されています。ところが最近では、住民向けのコンテンツだけでなく、まちへ遊びに来る観光客や移住を考えている人に向けた魅力発信・空き家情報の提供など、移住定住を促進する外に向けた情報を強化する自治体が増えてきました。ここでは、内と外、両方のユーザーのことをよく考えてつくられた例を紹介します。

▼事例33— **まちの多面的な魅力をわかりやすく伝える**

めがねのまちさばえ
福井県鯖江市

福井県鯖江市のウェブサイトは、検索結果から一味違います。まず「鯖江市」と検索して出てくるのは、「めがねのまちさばえ 鯖江市」というキャッチフレーズ付きのページタイトル。「○○市」や「○○市公式ホームページ」と定型化しがちな検索結果さえ、地域産業のプロモーションに一役買っています。続いてトップページ。冒頭には大きなスライドショーが流れ、まちの顔である眼鏡産業のビジュアルに「鯖江市は、眼鏡フレームの国内製造シェア96％を誇る産地の中心です」というコピーが続き、各種特産品や地域の人々が紹介されていきます。

また、スクロールしてトップページの各種コンテンツをみていくと、行政サービスや議会情報、個性的な地域プロジェクトがすっきりとまとめられています。ウェブサイトのヘッダー部分に位置する住民向けの「グローバルナビ」では、「人生のイベントから探す」「市の取り組み」「市の施設」「トップに戻る」とほしい情報を探しやすく、下にスクロールしてもアイコンや市長のかけるおもしろめがねなど、要所要所でめがねのまちを意識する仕掛けが施されていて、パネル型のアイコンをどんどんクリックしていきたくなります。

住民が自治体の行政サービスにアクセスしやすくなるような配慮はもちろんのこと、下にスクロールすると地域振興プロジェクトが多数表示されて、住民ではなくとも、つ

福井県鯖江市ホームページ* **【デスクトップ】**
鯖江市

* 出典：https://www.city.sabae.fukui.jp/index.html

い押したくなるコンテンツが盛りだくさんの、配慮と工夫が行き届いたお手本のような構成です。そんな丁寧でわかりやすいページづくりが評価され、2018年には公益社団法人日本広報協会主催の全国広報コンクールにおいて入賞するなど高い注目を集めました。入選理由には、

「めがねのまちさばえ」を常に提示しながらも、それにとどまらない鯖江を表現しようという姿勢が強く感じられること、恒常的・基本的な情報を集約する役割だけでなく、さまざまなウェブサービスの積極的な活用が、コンテンツの量的・質的向上につながっていること。アイコンや色を要所に用い、大きめの画像をボタンとして採用することで、パソコン、タブレット端末、スマートフォンなど機器を問わない操作性の高さにつなげていることも見逃せない

といった点が挙げられています[*2]。また鯖江市は近年、コミュニティバスの運行情報や河川水位状況をオープンデータ化（自治体が所有するデータを誰もが自由に利用できるようにすること）し、先進的できめ細やかな情報発信を試みています。トップのスライドは、まず訪問者をピンポイントで「眼鏡」という個性的な地域産業へ誘導しながらも、食や自然、

福井県鯖江市ホームページ[*1]　【タブレット】　【スマートフォン】

*1 出典：https://www.city.sabae.fukui.jp/index.html
*2 出典：https://www.hitachi-sis.co.jp/newsrelease/2018/180523.html?k=pr180523_01

人、さらには最先端技術を活かした政策までを親しみやすく伝えるページづくりです。

(2) 拡散力絶大の手軽な発信ツール Twitter

Twitter《ツイッター》は「ツイート」と呼ばれる全角１４０文字以内のメッセージや画像、動画、ＵＲＬを投稿できるソーシャルメディアです。

ほかの人のツイートが気に入ったら、「リツイート」することでその言葉を瞬時に拡散できます。リツイートとはTwitterで同じ記事をシェアして投稿することをいいます。くすっと笑ってしまうなにげない投稿でも、ふとしたきっかけで世界中に拡散されるという面白さがもてはやされ、２０１８年10月時点の月間アクティブユーザー（日常的に利用する人のこと。実際にはほとんど利用していない利用者と区別するために用いられる指標）は、全世界で3億２６００万、日本で４５００万超といわれ[*3]、あらゆる世代に人気のサービスです。２０１１年の東日本大震災では、電話回線が大混雑した状態でもTwitterは正常に機能していたことから、非常時の通信手段としても重宝されています。また、信頼度の高い団体には緊急情報発信サービス（Twitterアラート／利用者のスマートフォンに送られる緊急のメッセージ）がTwitterから提供されており、災害時にプッシュ通知で大事な情報を知らせてくれるため、多くの自治体が防災アカウントとして利用しています。

*3 出典：**Twitterの月間アクティブユーザー数は日本で4500万超** | **TechCrunch Japan** | 2018年12月26日公開
https://jp.techcrunch.com/2018/12/26/twitter-2/

八戸市Twitter
青森県八戸市

▼

事例34 — 話し言葉でわかりやすくアナウンス

例えばこちらは青森県八戸《はちのへ》市広報統計課が運用する八戸市の公式Twitterアカウントです。八戸らしさを伝える特産品や名所情報、地域のイベント情報、安全・安心情報を発信するためのアカウントですが、それらの情報とともに時折流れてくるのが、八戸市保健所が飼い主のわからない犬を保護したお知らせです。3万人を超えるフォロワー（アカウントのタイムラインをチェックしてくれている人のこと）がいる市の公式アカウントを通じて迷い犬情報を発信すれば、瞬時に拡散できます。SNSならではの強みを上手に活用した事例といえます。実際に、この投稿は200人以上の方がリツイートされていますね。

八戸市総合政策部広報統計課の小野由記さんは、八戸市保健所から寄せられる迷い犬や迷い猫の情報をタイムリーに投稿しているといいます。「関心を持ってもらえるよう、会話調（話し言葉）を意識しながら、飼い主に犬・猫の特徴をわかりやすく伝えることを心がけております。また、投

八戸市Twitter
飼い主や知り合いが見つけやすいような写真が添えられた投稿[*1]
八戸市 | 2018年12月14日 公開

[*1] 出典：https://twitter.com/HachinoheCity/status/1073500730307137536

稿する際は鑑札と注射済票を飼い犬に装着させるよう呼びかけております」と、紹介したツイートでも鑑札と注射済票の装着を呼びかけています。法律によって義務付けられているものの、なかなか定着しないこのようなルールを周知するための日常の注意喚起として、犬や猫を飼うほかのフォロワーに対しても効果的に働いている好例ですね。

(3) 世界最大の利用者数 Facebookページ Fb

Facebook《フェイスブック》の月間アクティブユーザー数は26億人（2020年4月30日時点）といわれています。*2 コミュニティづくりを応援し、人と人がより身近になる世界を実現することをミッションに掲げるサービスですが、世界の人口が77億人*3と考えると、今や世界の3人に1人がアカウントをもっているということになりますね。Facebookは個人アカウントを登録しなくては基本的に他者の投稿を閲覧できないのですが、例外的にアカウントがなくても閲覧できるページが「Facebookページ」と呼ばれるものです。Facebookページの利点は、TwitterやLINEなどに比べてわりと読み応えのある情報を発信・ストックできること。また、定期的に自治体のページを見に来てもらわなくても、フォローさえしてもらえればユーザーのタイムライン（Facebookを開いた際に表示される画面）に情報を届けることができるのも利点です。

*2 出典：**Facebook社 2020年第1四半期（1月-3月）業績ハイライト**
https://about.fb.com/ja/news/2020/04/2020-first-quarter-results/

*3 出典：**国際連合「世界人口予測・2019年版」概要**
[United Nations (2019). World Population Prospects 2019]
https://www.jircas.go.jp/ja/program/program_d/blog/20190618

またTwitterと比べ、本名や性別、年齢など訪問者の傾向をより詳しく解析できるインサイト（Facebookページの分析機能）が役に立ちます。これは5章5節（184頁）で詳しく解説していきます。

島原市Facebookページ Fb

長崎県島原市

▼ 事例35— しまばらんの日常を投稿

例えばこちらは、長崎県島原市のFacebookページです。公式キャラクターのしまばらん宛の年賀状が1900通も届いたというニュース。そして1900通もの返事を書くしまばらんの姿から、市役所の存在も身近に感じられる投稿ですね。島原市役所市長公室政策企画課によれば、市内の子どもたちだけでなく、市外県外の方からもたくさん届いていたのだとか。島原市のFacebookページは、基本的に各課の情報をフォーマルに投稿しているものの、「しまばらん」にはたくさんのファンがいるため、しまばらんの話題はしまばらん本人の一人称で投稿し、普段のお堅い投稿とは異なる親しみやすさを心がけているそうです。「予約投稿（投稿日時をあらかじめ指定すれば、記事の配信時間をコントロールできること）」ができるのも便利なポイントです。*2

島原市Facebookページ

しまばらんのファンに向けて写真に大きく写りこんでいる*1

島原市 | 2019年1月15日 公開

*1 出典：https://www.facebook.com/city.shimabara/posts/2342802475731235

*2 HootsuiteやTweetDeck、Bufferといった外部サービスを使えば、サービス自体には予約投稿機能がないSNS媒体でも、Facebook同様に時間を予約して投稿することが可能です。サービスによってそれぞれに特性が異なるので、詳しくはウェブで調べてみてください

(4) 言葉よりもビジュアル派 Instagram

Instagram《インスタグラム》とは、日常のワンシーンを写真や映像で切り取って投稿できるビジュアル記録が主役のSNSです。2011年のサービス開始後、美しい風景やペットとのお散歩の様子、カラフルな飲食メニューなど「インスタ映え」と呼ばれる色鮮やかな写真を撮って投稿することが主に若い女性を中心に流行しました。4〜5章で紹介しますが、ハッシュタグ（#）を使うことで、そのキーワードに関心をもつ特定のコミュニティに向けて発信できたり、英語や中国語、韓国語などのタグを付ければ、日本語圏以外のユーザーにも情報を届けられたりするのが特徴です。

▼ 事例36 — 美しい風景で言葉いらずのプロモーション

maebashi_trip
群馬県前橋市

こちらは群馬県前橋市観光振興課のInstagramアカウントです。「季節の風景などをお届けする」とプロフィールページに書かれているとおり、まちの美しい風景などが紹介されており、日本語・英語・中国語・韓国語の4カ国語で発信さ

maebashi_trip
現在、前橋市には観光情報のInstagramだけでなく、ワカモノ記者や農業、自転車、イケメン、水道、アーツ前橋などアカウントがもりだくさん*3
前橋市観光振興課 | 2019年3月15日 公開

*3 出典：https://www.instagram.com/p/BvAf_jwnK7u/

れ、6000人以上のフォロワーがいる活発なアカウントです。Instagramを活用するなら、「このまちが好き！」と思われれば勝ちです。たとえ人口が少なくてもフォロワーが多いと、ユーザーの目には〝住民以外の不特定多数の人にも愛されている魅力的なまち〟に映りますよね。美しい写真が評価されるのはもちろんですが、シェアしたりコメントしたり、ハッシュタグで海外まで情報が広がればどんどんフォロワーが増えていきます。前橋市役所観光振興課の大平日向子さんに、海外からの反応の特徴をうかがいました。

「閲覧数の多い主な国は台湾、韓国、アメリカです。投稿には翻訳アプリを使用しているため細かなニュアンスまで対応しきれず、特に韓国の方から多くコメントをいただくものの、個別に返信するほどの言語能力がなくもどかしい状況です」とのこと。言語に堪能な職員の方が担当していると思いきや意外な答えが返ってきました。予想外の反響とはいえこの状況を活かさない手はないですよね。例えば前橋市内の大学や専門学校の外国語クラスの留学生にも翻訳に協力してもらうなど、あらたなネットワークを活かして運用が実現すれば、まちの交流層が拡大するなど相乗効果が生まれるかもしれません。

（5）ストーリーを伝える動画の力 YouTube

YouTube《ユーチューブ》はいわずと知れた動画共有サイトですね。2008年にスマートフォンが登場して以来急速に普及し、アカウントを登録すれば、誰もが全世界に自作動画を発信することができるサービスです。表現する場所をあらゆる人に提供し、その声を世界中に届けることを目的としていて、最近はバズ動画（SNS上で話題になった動画のこと）から広告収入で莫大なお金を稼ぐ「YouTuber《ユーチューバー》」も増え、中高生から高齢者まで広く活用されるようになりました。自治体もさまざまな部署で活用されていますが、最近のブームを1つ紹介します。

▼事例37 — PR動画もユルくひとひねり

雪丸散歩
奈良県王寺町

YouTubeに動画を投稿して観光地をPRする自治体が増えています。最近では、ドローン（遠隔操作の超小型航空機）で航空撮影された美しい風景がよく見受けられます。なかでも興味深かったのが、奈良県王寺町の動画。聖徳太子のペットだった「雪丸」のお墓がある王寺町のゆるキャラ「雪丸」が、なぜか空中を散歩するというコンセプトの

雪丸散歩
町民にとっては見慣れた景色に、雪丸が飛んでいる*
王寺町政策推進課 ｜ 2017年2月6日 公開

* 出典：https://youtu.be/7HFYsrheuoE

ＰＲ動画です。

ほかの自治体の真面目な投稿とは明らかに狙いが異なり、美しい風景の中には必ず〝雪丸ドローン〟が写り込みます。筆者はまんまと二度見してしまいました。雪丸とセットで美しい風景をインプットしてもらうことで、王寺町が「聖徳太子と雪丸が愛した町」であることを効果的に伝えています。このように、おや?っと目にとまるプラスαの要素は、より多くの人にコンテンツを届ける重要なカギです。

(6) 相手に直接情報を届けよう　LINE

続いて、コミュニケーションアプリＬＩＮＥ《ライン》が提供する公式アカウントサービスです。日本国内で月間８４００万人（２０２０年３月時点）以上のＬＩＮＥ利用者がいますが登録してくれたユーザーにダイレクトに情報を届けられるのが、公式アカウントの強みです。２０１９年１月時点でＬＩＮＥのタイムライン（テキスト、画像、動画、スタンプで自分の近況を仲の良い友だちだけに共有したり、友だちの近況も確認できるページ）に訪問したユーザーの数は６８００万人[*1]とされ、男女・年齢問わず幅広く利用されています。

特に、FacebookやTwitterなどのサービスを利用しないといわれる10～20代の若年層や、子ども・孫・両親・親戚・ご近所さんなど、近い関係者間でのコミュニケーション手段として活用するシニア

[*1] 参照：https://www.linebiz.com/jp/service/line-official-account/

世代が増えており、そうしたユーザーへもリーチできるのがポイントです。

久喜市LINE LI
埼玉県久喜市

▼事例38 ―〝毎日稼働〟で生まれる信頼感

全国の自治体LINEアカウントで特に活発な発信をしているのが埼玉県久喜市です。筆者も久喜市のLINEを受信できるよう登録していますが、ほぼ毎日、メッセージ着信の通知が届きます。

例えばこのような、久喜市議会の議長交際費の情報。LINE特有の絵文字が入ることでどこか柔らかく、発信側の顔は見えなくても、住民とのささやかなコミュニケーションが含まれ親しみがもてます。とある日は1日9通ものプッシュ通知が届いていました。市政情報のなかでも議会情報や防災タウンページ（自治体とNTTが連携して災害時の役立ち情報を掲載）の開設など、なかなか自分からはアクセスしないようなニュースもすべて把握できるようになっています。このアカウントは久喜市の総務部シティプロモーション課が管理しているようで、広報活動の一環として積極的に活用している様子がうかがえます。

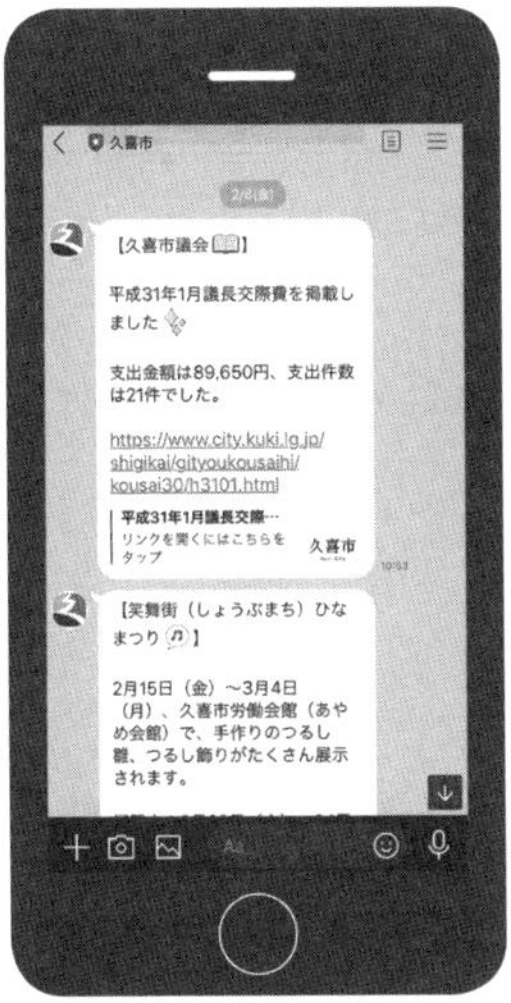

久喜市LINE
細やかな情報伝達の様子がわかる*2
喜市総務部 シティプロモーション課室 | 2019年3月15日 公開

*2 出典：https://page.line.me/kuki

(7) マイレシピをシェアして楽しむ　クックパッド

クックパッドは301万品を超える料理のレシピやコツ動画を検索できるサービスです。登録している利用者は6000万人。自慢のマイレシピを公開・共有することもできる楽しさが人気の理由です。地方自治体もユーザー登録することができます。地域の食文化や生活の知恵を盛り込んだレシピを、利用者が6000万人もいるプラットホームで紹介できるのは大きな魅力です。

新発田市100彩食堂のキッチン
新潟県新発田市

▼事例39— 生活に根づいた食卓の文化を発信する

新潟県の新発田《しばた》市では、郷土料理や学校、保育園、幼稚園給食など2020年6月時点で347品の地元の郷土料理や地元食材を使ったオリジナルレシピ、健康増進に役立つヘルシーメニューを紹介しています。新発田市健康推進課の担当者によれば、毎日約700回近くのアクセスがあるそう。アクセス数上位のレシピ（2020年6月17日まで）は、以下の表のとおり。

こんなふうに順位がわかるのも面白さの1つです。「みなさんのつくれぽ（実際につくってみた料理の感想を写真付きで投稿する仕組み）にアップされる料理の写真

1位	いんげんと海老のタルタルサラダ (915)
2位	アスパラガスの焼き浸し (505)
3位	鮭とアスパラの和風バターしょうゆパスタ (405)

※（　）内はアクセス数、月間ランキング

や、独自の工夫を教えあうコミュニケーションも面白いですね。またつくります、美味しかったです、などの声もうれしいです」と、レシピを介したコミュニケーションが生まれている様子。できるだけヘルシーで、かつ簡単につくれるレシピを心がけているそうで、新発田市が健康施策の目標として掲げている減塩、野菜摂取量の向上に一役買ううえ、子育て世代に向けて地域産品や文化の魅力を伝えるコンテンツとしても好評なようです。福祉の充実、超高齢化社会のなかで、各地方自治体も予防医療に力を入れはじめていますが、その意味でも先進的な取り組みですね。

新発田市100彩食堂のキッチン
「めざせ100彩」を合言葉にしばたの健康づくりを応援する3人組のヒーロー「100彩マン」によって更新され、すでに300レシピを超えている*
新発田市

* 出典：https://cookpad.com/kitchen/16773380/

(8) 多彩なメディアを自由にミックス Tumblr Tu

Tumblr《タンブラー》は2007年にスタートしたメディアミックスブログサービス、つまり画像やテキストだけでなく、動画やウェブ記事の引用など、多様なコンテンツを1つの記事としてまとめることができるスクラップブック的サービスのことです。TwitterやFacebookが浸透する少し前の時期に、ブログの進化版サービスとして親しまれてきました。ブログサービスにないTumblr特有の機能の1つに「リブログ」があります。Twitterにおけるリツイートや Facebookにおけるシェアにあたる機能です。ブログとソーシャルブックマーク（オンラインで気になる記事を無料でストックできるサービスのこと）のかけあわせ、という特徴もあります。日本では「はてなブックマーク」が有名です。例えば「AI」や「機械学習」に関心がある人をフォローしておけば、その人がブックマークした最新のニュースを知ることができます。加えて、高画質写真などの大容量データをストックできるのも強みです。このような特徴をうまく活かした2事例を紹介します。

▼事例40 ― フォトストックの高画質アーカイブ

別府画像ライブラリー Tu
大分県別府市

大分県別府市では、Tumblrを画像ライブラリーとして活用しています。ここに集約されている写真は、なんとすべて別府市の広報担当者が時間のあるときに各地へ撮影に赴いて、少しずつ撮りためた〝無償の画像〟なのだそうです。

別府市役所秘書広報課の新貝仁《しんがいひとし》さんによると、九州有数の観光地として知られる別府は、マスメディアや旅行誌、企業誌への画像提供など、地域プロモーション用の写真提供依頼が絶えず、その対応にも大きな労力を割いていたといいます。こうし

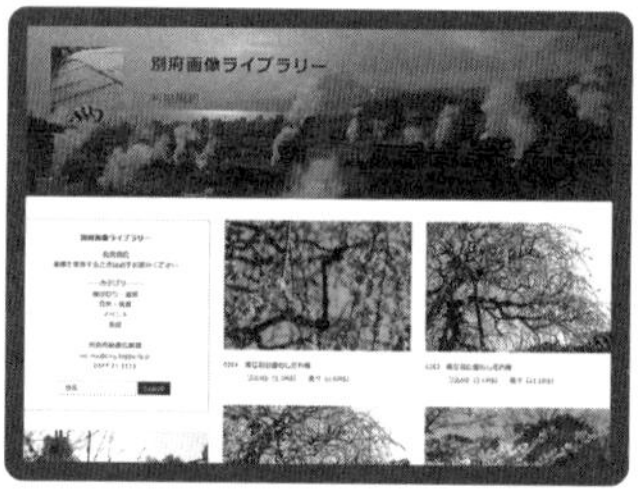

別府画像ライブラリー
別府市の風景画像が格納されたTumblrサイト。印刷に耐えうる画質で格納されているのが特徴。利用規約に私用・商用問わず使用できることが記載されている*
別府市秘書広報課 ｜ 2018年7月 公開

* 出典：https://photobeppucity.tumblr.com/

た多数の依頼に迅速に対応するためつくられたのが「別府画像ライブラリー」でした。問い合わせがあるとこの画像ライブラリーに誘導し、ほしい素材を自由に選んでもらうサービスを始めてからは、市の担当者も画像提供希望者もやりとりの時間を短縮でき、お互いの利便性がかなり向上したといいます。Tumblrを選んだのは、別府市のウェブ担当者からのオススメがあったからだそう。

「当初はSNSを利用して、スマートフォンでもパソコンでも使いやすいものにしたいと考えていましたが、すべての利用者に自分で素材を選んでもらうためには、テレビや大判の商業印刷物で必要とされる2K以上の画像も提供する必要がありました」と話す新貝さん。Tumblrはログインなしに閲覧でき、高画質な画像も提供可能です。「基本的に誰でも自由に使える画像ライブラリーにするため、著作権や肖像権に触れるものはアップしていません。普段広報紙などに使用するイベントなどの写真は全く掲載できないというジレンマはあります。また、同じような画像でも年数が経過したら撮り直す必要もありますし、それなりに労力は必要ですね」とのこと。ちなみにアクセスランキングのトップ3はすべて「鉄輪《かんなわ》の湯けむり」なのだとか。

余談ですが、筆者の考えるTumblr最大の利点は現在のところ、ユーザーに広告が表示されないことだと思っています（本来サイト運営側は広告収入で成り立っている）。最近はTwitter、Facebook、Instagramなど、いずれのSNSにおいても広告がタイムラインに流れてくるのが一般的になりました。筆者のように広告をストレスに感じる方も多いのではないでしょうか。

ディスカバー豊岡 Tu
兵庫県豊岡市

▼事例41―

媒介役に徹するキュレーションメディア

Tumblr《タンブラー》で作成されたメディアとして特筆すべきは、なんといっても兵庫県豊岡市の観光情報まとめサイト「ディスカバー豊岡」です。一般的に「発信」というと〝自分たちのオリジナルコンテンツがないといけない〟と思いがちですが、ディスカバー豊岡はほかのウェブサイトで掲載された記事ページの情報を引用してURL付きで紹介し、紹介元の記事に誘導するための〝プラットフォーム〟です。豊岡市の情報を豊岡市自身がインプットしながらキュレーションもして、ソーシャルブックマークとして上手にアウトプットする、という使い方です。リブログによって媒体自体が拡散される可能性が高まることもあり、ブログとソーシャルブックマークの機能をあわせもつTumblrの使い方としては大正解だといえます。

サイトデザインは過度な装飾は行わずシンプルに「あくまでも主役はリンク先の各記事」という姿勢が一貫しています。運営しているのは豊岡ツーリズム協議会。観光事業を盛りあげるために設立された団体で、豊岡市役所大交流課が協議会の事務局を務めています。大交流課の和田真由美さんに問い合わせた

ディスカバー豊岡
トップページと少しスクロールしたコンテンツ。Facebookページ「大好き豊岡応援隊」とも連動している*
豊岡ツーリズム協議会
(事務局:豊岡市大交流課内) | 2013年3月 公開

* 出典: http://toyooka-travel.tumblr.com/

ところ、サイト制作にあたって「導入が簡易であること」「維持費がかからないこと」「可能な限り手間を削減できること」を条件にTumblrが選定されたそうで、2014年から運用を開始し〝思わず豊岡に訪れたくなる〟記事の選定、引用記事の作成作業はすべて大交流課のスタッフが行っているのだとか。またTumblrで情報発信を始める前は、こんな課題もあったといいます。

- 地域ごとの観光情報はあっても豊岡市内の観光情報をまとめたウェブサイトがない
- 豊岡市公式ウェブサイトは、豊岡市が実施する観光イベントしか掲載されていない
- 城崎に宿泊した客が、市内エリアではなく、他県・他地域を周遊することが多い
- 市内を周遊していれば宿泊客になった可能性のある観光客を、日帰りで逃してしまっている

同じような課題をもった自治体の職員にとっては、参考になる発信ではないでしょうか。また和田さんはTumblrを選ぶメリットの1つとして、Googleアナリティクスを設定してアクセス状況を分析できること、TwitterやFacebookなどでシェアできるボタンが簡単に設置できることをあげています。このあたりのことは5章5節(174頁)で詳しく説明します。

(9) BGMがクセになる、スマホ向けショート動画配信アプリ　TikTok

TikTok《ティックトック》は10~20代の若者、特に女子高生らを中心に流行し2018年に最もダウンロードされたショート動画配信アプリです。短編動画を誰でも簡単に編集できるのが特徴で、女子高生をはじめとする若い世代が、スマートフォンで撮影した動画にBGMを組み合わせて、ダンス動画やメイク術、早口やリフティングなど、なにかに挑戦しているような投稿が多く見られます。

▼事例42 ― 子ども世代からの乳がん啓発

#胸キュンチェック

神奈川県横浜市

TikTokは10~20代に人気と書きましたが、神奈川県横浜市の活用事例は、その親世代に向けて乳がんの啓発を発信することを試みています。

特設サイトで目に留まるのは特にあなたが大切に思う40歳以上の周りの女性（母親や親戚、学校の先生など）にシェアしてほしいという文言です。つまり乳がん啓発の対象世代（40代以上）へ直接訴えるのではなく、TikTok利用者層であるお子さん世代を媒介にして家族間で注意を促し、伝え広げる狙いのようです。

25歳で乳がんの宣告を受けた経験のあるアイドルグループ出身の女性へのインタビューが掲載されていることからも、若い世代にも乳がんは自分ごとだと認識してもらうことをきっかけに、親世代を含めた社会全体へ理解を促す一歩と位置付けたプラットフォームであることがわかります。

#胸キュンチェック
約1か月間で1,090本の動画が投稿され、総視聴回数は9,450万回以上*

横浜市医療局
医療政策部医療政策課 | 2019年9月18日 公開

* 出典：https://iryonoshiten.city.yokohama.lg.jp/munekyun-check/

(10) 無料でつくれるお手軽ウェブサイト Jimdo/Wix＋ブログ

J W

町役場・村役場など比較的小規模な自治体になると、サーバー費や運営コストや労力負担をできるだけ削減するため、無料ウェブサイトをうまく活用するところも多いようです。

無料ウェブサイトとは、パソコン初心者でもテンプレートを使って簡単にオシャレなウェブサイトを作成できるサービスです。ドイツ生まれの「Jimdo《ジンドゥー》」とイスラエル生まれの「Wix《ウィックス》」が世界的に人気で、次に「Weebly《ウィーブリー》」、「Strikingly《ストライキングリー》」、日本のサイバーエージェントが２０１５年に始めた「AmebaOwnd《アメーバオウンド》」などが続き、ほかにもアメリカ生まれの「WordPress《ワードプレス》」など、選択肢は無数にあります。

日本の自治体サイトで活用されているサービスは老舗の「Jimdo」と「Wix」が比較的多く活用されていますので、こちらの2つを事例として紹介します。

おさんぽ伊平屋 **J**

沖縄県伊平屋村役場

▼事例43 ― **ガイドブックとの連動サイト**

沖縄県の伊平屋村《いへやそん》役場総合推進室では、「おさんぽ伊平屋」というガイドブックの情報を掲載したページをJimdoで制作しています。Jimdoの良いところは、直感的な操作で画面をレイアウトできるところです。無料版と有料版があり、有料版では広告の非表示が可能で、検索エンジンの最適化やサポートが受けられるというメリットがあります。

「おさんぽ伊平屋」のサイトで特に注目したいのはGoogleの言語

おさんぽ伊平屋

子ども達や自転車に乗るおじいさんなど、村民が写された写真が魅力的[*1]

伊平屋村役場総合推進室

[*1] 出典：https://osanpo-iheya.jimdo.com/

切り替え機能（無料）を搭載しているところです。ローコストでも細やかにインバウンドへ対応している姿勢が目を引きます。

▼事例44ー地域おこし協力隊もＤＩＹでサクッと発信

粟国村役場地域おこし協力隊サイト W
沖縄県粟国村役場

同じく沖縄県の粟国村《あぐにそん》役場の地域おこし協力隊メンバーは、無料ウェブサイト作成ツールのWixでサイトを制作しています。Wixはほかのサービスと比べてサイトデザインのテンプレートが豊富なので、初心者でも簡単にきれいなウェブサイトが作成できます。こちらも無料版と有料版があり、データ容量をアップするプランや、独自ドメイン（オリジナルURLのこと）を取得できるプランなどがあります。このようにJimdoとWixはどちらもデザインやウェブサイトを作成する知識がない人もサクッとホームページが無料でつくれるツールです。

ウェブサイトは一度つくって終わりではなく、発信しつづける以上、常にメンテナンスを必要とします。仕様を変更するにもプロのコーディング（プログラミング言語でサイトを構築すること）が必要になり、相当な費用を要します。伊平屋村や粟国村のような小さな自治体や地域おこし協力隊が作成する場合、プロの力を借りずに自分たちで

粟国村役場 地域おこし協力隊サイト
季節ごとに、島でのアクティビティが丁寧にレポートされている[*2]
粟国村

[*2] 出典：https://a-chiiki3.wixsite.com/aguni-kyouryokutai

管理できるサービスを選ぶのが得策かもしれません。ただし、無料ウェブサイト作成ツールでできることには限界があります。サクッと始めてみて、プロジェクトが大きくまわりはじめたら、しっかりと維持していける次の移転先を考える、というのが賢いやり方かもしれませんね。

3-3 ソーシャルメディアとウェブサイトの関係

ここまで紹介してきたのが代表的な10のウェブサービスです。目的別に見ると、防災系の情報発信に利用されているのはTwitterが圧倒的に多く、観光系はInstagramやYouTubeの活用が多い結果となりました。また、2018年ごろからLINEを利用する自治体も急速に増えています。各メディアの利用者層が異なること、投稿の連携がしやすくなっている*ことから、複数の媒体を運用している自治体も多く、これについては後ほど詳しく説明します。

さてここで注目したいのは、(2)〜(6)と(9)はすべてSNSであることです。SNSはその名のとおり、ウェブ上にソーシャルなネットワークをつくるサービスです。ゆくゆくは、これらの利用者の中から現実のまちのことを「もっと詳しく知りたい」と思うユーザーが出てきて、あわよくば

* 例えばInstagramはFacebook社の傘下にあるサービスなため、同時投稿など連携の仕組みが充実している。

もっと好きになってもらい、地元への愛着を高めてもらったり、観光しに来てもらえたり移住してもらえたりするのが理想ですよね。

このように、個々のニーズに合わせた情報の深堀りを促すためには、ウェブサイトやInstagram、Facebook、Twitterなどを自在に横断してもらえる環境を整えることが肝心です。

他方、ＳＮＳは気軽に始められることが長所ではあるものの、日夜新しいサービスが生まれる新陳代謝の激しい世界。ようやく使いこなしはじめたと思えば、別のサービスが話題になっている、なんてことも少なくありません。常に新しいプラットフォームの登場を気にかけることも大切ですが、一番気をつけたいのは「サービスを運用する目的」を見失わないことです。そしてそのためにも、１つのサービス単体で完結する「閉じた発信」ではなく、メディア同士の連携によって「開いた発信」をつくりあげなくてはいけません。

◇ネットワークづくりによくある勘違い

そのうえで知っておいてもらいたいのが、「自治体のウェブサイトはスタートではなくゴールである」ということです。筆者はこれまで自治体のいくつかの事業立ち上げをお手伝いしてきましたが、担当職員の多くが、次の図のように、自治体のウェブサイト〝から〟ユーザー（住民）がソーシャル実は意外と反対かも？

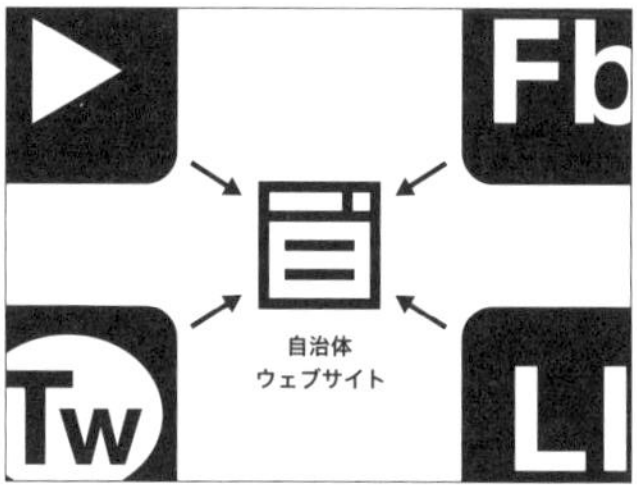
Fb
Tw
LI
自治体
ウェブサイト

自治体職員にありがちな思い込み

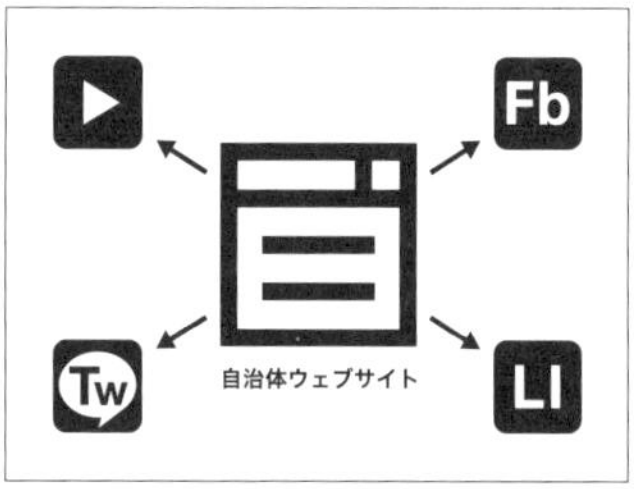
Fb
Tw
LI
自治体ウェブサイト

情報の入り口は、ウェブサイトではなくSNSからの流入も多い

メディアに訪れる、と思い込んでいることに気づきました。

でもよく考えてみてください。1日に自治体のウェブサイトにアクセスする人の数は、住民の数%だとしても知れています。一方、各SNSのユーザー数は数千万人〜数億人単位。SNSを利用する最大の理由はここにあります。いわばテレビCMや電車の中吊り広告、街頭チラシのように、自分からウェブサイトの外に出向いて〝きっかけ（=導線）〟をつくることが大切なのです。

こうした基本的なネットワーク構築の意義がなかなか理解されていないと感じる場面にはよく遭遇します。例えばソーシャルメディアのアカウントページを思い出してください。必ず、簡単なプロフィールやアカウントの公式ウェブサイトURLを記入する箇所＊がありますよね。ここに自治体のウェブサイト情報を

変更
狩野哲也
@KanoTetsuyaJP
フリーランスの編集者・ライター・プランナー。@greenzjp ライター。狩野哲也事務所、サロン文化大学 @salonandculture 代表。著書「まちのファンをつくる 自治体ウェブ発信テキスト」（学芸出版社）7月発売 amzn.to/3bKEcBu／（著書垢→@kanolaboratory）。
1975年京都生まれ大阪在住
kanotetsuya.com
＊
2010年9月からTwitterを利用しています

設定しておくことは、公式アカウントとしての信頼を得るためにも重要です。にもかかわらず、設定されていないことが多々あるのです。わざわざ自治体の名前を検索しなくても、たまたま、あるいは自然と存在を知ってもらえる接点を地道に増やすことが、地域の魅力を伝える第一歩です。

◇窓口業務で無駄にすり減ってませんか？

ＳＮＳを活用しはじめた結果、自治体のウェブサイトにアクセスするユーザーが増えればしめたもの。まちの顔であるウェブサイトは、あらゆる情報をすべて網羅するプラットフォームです。62頁で紹介した鯖江市のウェブサイトが好例ですが、地域のイベントや観光情報から、暮らしの情報や行政手続き、災害対応まで揃っています。「わかりやすい情報発信」は自然と住民から自主的にアクセスされるようになります。住民にとってはわざわざ窓口に出向いたりしなくて済みますし、自治体職員にとっても電話対応や窓口業務がずっと楽になります。

4章

誰になにを発信すればいい？ 自治体ウェブ発信はじめの一歩

4-1 発信の基本となる3つのポイント

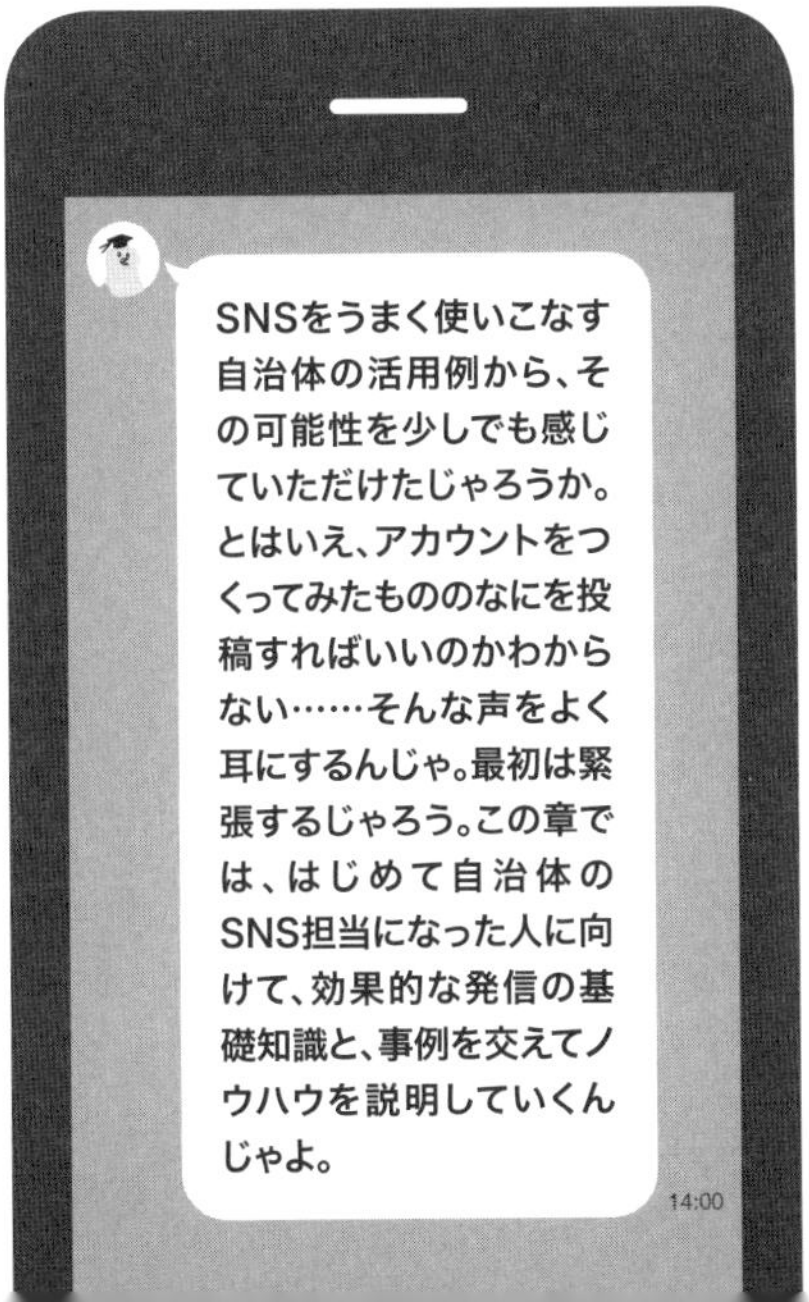
SNSをうまく使いこなす自治体の活用例から、その可能性を少しでも感じていただけたじゃろうか。とはいえ、アカウントをつくってみたもののなにを投稿すればいいのかわからない……そんな声をよく耳にするんじゃ。最初は緊張するじゃろう。この章では、はじめて自治体のSNS担当になった人に向けて、効果的な発信の基礎知識と、事例を交えてノウハウを説明していくんじゃよ。
14:00

(1) まずは「発信の目的」をはっきりさせよう

自治体に限らず、あらゆる組織のプロモーションには「なにを誰に発信するのか」という目的の整理が欠かせません。まずはその大前提を考えてみましょう。

例えば、3章で紹介した前橋市のInstagram（69頁）を思い出してください。海外観光客に向けて、まちの美しい風景を伝えている活用例でした。一方同じく3章で紹介した別府市のTumblr（76頁）は、同じ風景写真でも、提供する相手はメディアや制作担当者でした。このように、風景写真1つとっても活用手法や発信先はまったく異なります。

◇仲間にシェアして初めて「目的」になる

それを認識したうえでまず手始めに、「なにを誰に発信したいのか」を紙に書き出してみてください。第1部で紹介したとおり、ウェブ発信は住民とのあらたなコミュニケーション手段です。前例にとらわれない関係性を築くためにも堅苦しい発信は逆効果。フランクな対話が求められる一方、自治体のウェブ発信は大なり小なり〝組織の声〟として受け取られます。SNSでの一言、1枚の写真が地域のビジョンにどう貢献するのか、常に問われているという心構えが必要です。

そしてこの姿勢が、担当者だけでなく運営メンバー全員に共有されていることが肝心。なんのための親しみやすさ、キャッチーさなのか。地域が目指す〝より良い将来像〟を土台とし、堅苦しさや保身を乗り越えながらも逸脱しないバランス感覚を、チーム全体で常に意識しておく必要があります。

書き出したメモを眺めながら、まずはあなた自身がその発信で、地域のビジョンにどう貢献できるのかを考えてみてください。あなたの考えが整理できたら、運営メンバー全員に共有しましょう。必要があれば、まちの「総合計画」などにも目を通して、所属している部署全体でSNS活用の位置付けを共有するとよいかもしれません。

笑働OSAKA Fb
大阪府

▼事例45 ― **活動に携わる人たちの顔の見える関係をつくる**

筆者が大阪府都市整備部主体のプロジェクト「笑働ＯＳＡＫＡ」の立ち上げをお手伝いした際の活用例を紹介します。

笑働ＯＳＡＫＡは、大阪のまちを良くするためのボランティア活動に携わる個人・地域団体・学校・企業・行政をつなぎ、情報交換や協働のサポートをするプロジェクトです。

筆者はひとまず、このプラットフォームのもっともコアな想定利用者であった、大阪府下でアドプト活動（地域における継続的な清掃ボランティア活動）をしている人たちに向けて、プロジェクトを知ってもらうためのTwitterとFacebookページをつくりました。ここでの発信の目的は、大阪のまちを良くしようとしている人たちの、顔の見えるユルい関係づくりです。この取り組みをただ公式ウェブサイトに公開していたのでは、清掃活動を続ける人たちを1つの輪でつなぐ、という目的は達成されないため、顔が見えやすいFacebookページを活用しました。当時は、担当職員が自分のFacebookアカウントを開設するところからお手伝いしたのですが、今では大阪のさまざまなプロ

笑働OSAKAの公式Facebookページ

清掃活動を続ける人同士が、Facebookページ上の投稿を通じて知り合うなどのユルいつながりが生まれています*

大阪府都市整備部 ｜ 2010年11月6日 公開

* 出典：https://www.facebook.com/shoudo.osaka

ジェクトをシェアするFacebookページに成長し、うまく運用されつづけています。

◇試行錯誤しつづけられるサービスを選ぶ

時々何年も前から更新が止まっている自治体の公式アカウントを見かけます。きっと、アカウント開設前に目的をはっきり決めていなかったために、なにを発信してよいかわからなくなったのでしょう。そんなことにならないよう、3章で紹介した10のウェブサービスの特徴をしっかり理解し、あなたにとってベストな選択肢かどうか、じっくり時間をかけて考え抜いてください。選んだサービスに慣れるまでは大変ですが、目的さえはっきりしていれば、たとえ山あり谷ありでも、発信しながらコツが見えてくるもの。仮にあなたが、自然豊かなまちの魅力を伝えるためにInstagramを活用したとしましょう。何枚か写真を投稿してみるとある傾向が見えてくるはずです。自然の風景だけでなく、そこで楽しんでいる人の笑顔が入っているほうが反応もいいぞ……という具合に。また、こうした試行錯誤でつかんだコツや知見を運営メンバー間でしっかり蓄積していくことも大切です。

(2) 読みたくなるのは、話し言葉の延長

アカウントを開設したら、次に投稿です。最初の投稿は誰しも緊張するもの。どんな投稿をすれば

いいか悩んでしまうという人は、とりあえず〝中の人（公式アカウントの運用担当者）〟として自己紹介をしてみてください。たとえば「広報課に異動してまだ1週間の新人が〝中の人〟を担当します。これまでは河川を管理する部署に3年ほどいました」など。どんな人が担当しているか、少しでもイメージできると受け手は安心します。

◇周りの投稿を気にしてみる

そこから少しずつ自分らしい発信を研究してみましょう。どんな文章が良いのか。どんな写真を添えると良いのか。実際に発信しはじめるとたくさんの課題が見つかり、まわりの自治体の発信方法にも目が向くようになります。ここの自治体はFacebookの「いいね！（投稿者に賛同や賞賛の気持ちを伝えるボタン）」の数が多いな、あのイベントはどうやらTwitterやInstagramでうまく集客したらしい……などなぜそんなに心をつかむ発信ができたのか、どんな言葉を選び、どのくらいの頻度なのか、なども気になりはじめるでしょう。

◇なんのための気遣い？

また、投稿の際に気をつけたいのは「言葉遣い」です。

「お役所言葉」と揶揄されるように、自治体の情報発信は往々にして、対外的な配慮を優先するばかりに回りくどかったり、堅苦しい表現になってしまったりします。公文書などでは当然社会的な信用を損なわない言葉遣いを求められますが、ウェブ発信はどうでしょう？〝まちの魅力〟を伝えるための発信であれば、〝リスクを冒さない言葉〟にとらわれるのは本末転倒です。ではどうすればお役所言葉を脱却できるのか。実は誰でも真似できる簡単なコツがあります。

◇日常会話を意識しよう

例えば「おでん動物園にパンダの赤ちゃんが生まれました」という投稿。「おでん動物園のパンダ「つむつむ」に、待望の子ども「つみれちゃん」が生まれました！出産を終えたつむつむは今、誇らしげに竹をボリボリ食べています」などと感情や状況を添えた途端、血の通った情報になります。また、このような会話のキャッチボールを意識することで「いいね！」ボタンも押しやすくなります。ここからはTwitterを例に、上手に感情を添えた投稿をいくつか紹介します。

Tw 富士見市役所秘書広報
埼玉県富士見市

▼事例46— 主語を入れ替え、複数人として発信する

例えば埼玉県富士見市のTwitterアカウントによる駅伝の実況投稿。絵文字を使うと、選手を応援する感情がより伝わります。別の日の同じアカウントでは、ゆるキャラ「ふわっぴー」としてタグラグビー（ラグビーを子ども向けに改良した球技のこと）大会の投稿をしています。ふわっぴーとしての投稿は

「〜だよ」や「してね〜」といった表現が多用され、読む側を和ませてくれます。会話調は照れくさいという方でも、ゆるキャラの力を借りれば感情をのせた投稿も織り交ぜやすくなり、投稿のバリエーションが広がります。

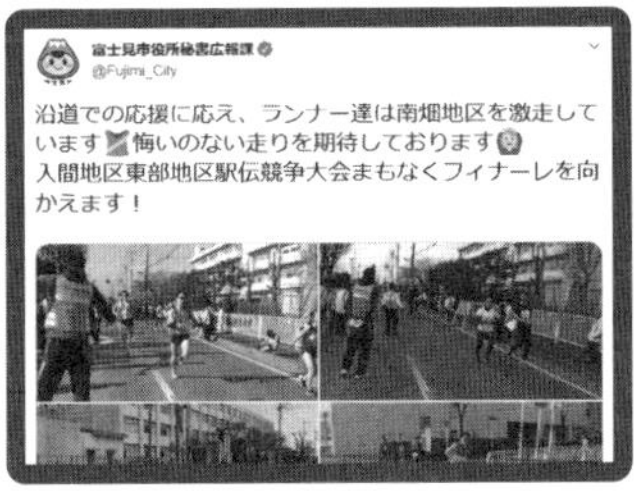

富士見市役所秘書広報課

第50回入間東部地区駅伝競走大会の様子を伝えるツイート*1

富士見市 | 2019年 2月17日 公開

秩父市観光課 Tw

埼玉県秩父市

▼

事例47

「中の人」の一言を添える

続いて埼玉県秩父市観光課のTwitter。冬の朝、道路凍結に注意を促す投稿を見てみましょう。末尾の一言に注目してください。「あ、それと防寒対策も十分に！」のように、話し言葉は発信者（中の人）と受け手の間に「あなたとわたし」という一対一の関係を生み出すことができます。つい「防寒に備えましょう」など不特定多数の人に向けられた言葉になりがちですが、前者のほうが自然

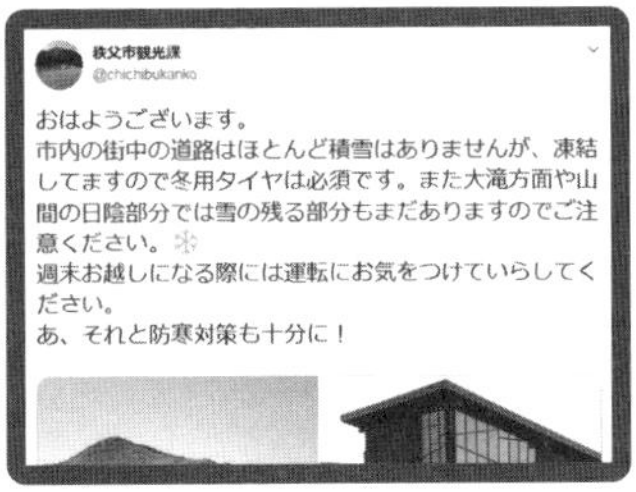

秩父市観光課

道路の凍結を注意喚起するツイート。リアルタイムの状況を伝えて十分な注意を呼びかけている*3

秩父市 | 2019年 2月1日 公開

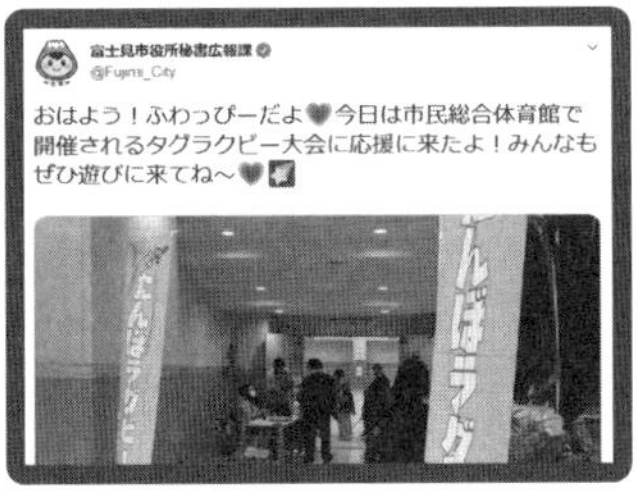

富士見市役所秘書広報課

ふわっぴーとしての投稿*2

富士見市 | 2019年 2月3日 公開

*1 出典：https://twitter.com/Fujimi_City/status/1096941367299731456
*2 出典：https://twitter.com/Fujimi_City/status/1091859109429669892
*3 出典：https://twitter.com/chichibukanko/status/1091096656055955456

と目に留まりますよね。

事例48 ― 堅いニュースほど柔らかく

投稿者のキャラクター（人柄）が活かされた投稿ほど、情報も広がりやすく、発信力が高まります。こちらは大阪府河内長野市のゆるキャラである「モックル」のアカウントです。地元のお寺にある屏風が国宝に認定されたことを伝えています。「日月四季山水図屏風《じつげつしきさんすいずびょうぶ》（六曲一双《ろっきょくいっそう》）」と小難しい名前の屏風ですが、感情満載の文章と写真で親しみやすいニュースに仕立てることに成功しています。「ここ、テストにでるっくるよ～！（たぶん）」などのオチは、一大ニュースでありながら読者をほっこりさせます。「いいね！」のクリック数もほかの投稿に比べて大きく増えていました。

モックル Tw
大阪府河内長野市

モックル
河内長野市内にある天野山金剛寺の屏風が国宝に認定されたことを伝える喜びのツイート*
河内長野市 | 2018年11月5日 公開

(3) フォロワーを増やす導線づくり

ソーシャルメディアを活用する講座を開くと、必ず「フォロワーを増やすにはどうすればいいか」

* 出典：https://twitter.com/MOCKLE2017/status/1059349971697160192

という質問を受けます。Twitterでフォロワー数の多い自治体を調べてみました。神奈川県庁広報（約14万人）や横浜市総務局危機管理室（約21・9万人）、千葉市広報広聴課（約9・4万人）、札幌市広報部（約11・1万人）などが挙げられます（いずれも2020年6月時点）。規模の大きな自治体が上位を占めているのは当然ですが、フォロワーを増やすのはなかなか大変。そもそも開設当初はどんなアカウントもフォロワーは「ゼロ」です。何十万とまではいかなくてもゼロをイチに、数十を数百に、数百を数千にしたいと思ったとき、なにができるでしょうか。手っ取り早くフォロワーを増やす一番の近道は、フォローしてほしい相手をまずはこちらからフォローすること。アカウントの存在を知らせるのです。ですがそもそも、自治体のアカウントは誰をフォローすればよいのでしょう？

◇組織内でフォローのルールを決める

悩むよりもまずは、地元関連のアカウントを積極的にフォローしてみるのが得策です。例えば神奈川県庁広報部門（知事室）のTwitter（フォロワー数約14万人）のフォローアカウントを見てみると、神奈川県に関係する事業者やＮＰＯなどが多いようです。

誰をフォローするのか／しないのか、自治体や団体によって方針はそれぞれですが、複数人での運用や後任への引き継ぎが重要な自治体の皆さんなら、関係者間で食い違いが起きないよう、何事もルールを明確にしておくことが大切です。内部ルールは文書に残しておくことも忘れずに。

自分の住む自治体のアカウントがあることを知らない人は案外多く、存在に気づけばフォローバック（フォロー返し）してくれるアカウントも少なくありません。例えばあなたが観光協会の広報担当であれば、特に地域の商店や事業者のアカウントがオススメです。観光協会が発信する地域の祭や催事、宿泊施設情報、交通規制情報などは、そのエリアの商店や事業者にとって有益な情報です。

……とはいえ、どのアカウントをフォローする／しないかという判断基準を明確にしづらいためか、現状多くの自治体はフォローに消極的なようです。自らフォローしないという方針を決めた場合は、その分フォロワーを増やすのも至難の業。「毎日チェックしたい」と思わせる日々の投稿を心がけ、フォロワーが増えるのを「待つ」姿勢が必要となることはいうまでもありません。

◇導線としての本来の役割を忘れずに

アカウントを開設するときに意外と見落としがちなのが、プロフィール欄の導線効果です。例えばある自治体に「餅丸」といういうゆるキャラがいて、そのTwitterアカウントがあったとしましょう。この時プロフィールに餅丸の自己紹介しか書いていないと、せっかく自治体のホームページやほかのプロモーションアカウントがあっても、気づいてもらえません。全国の自治体を調べると、こうしたアカウントが多くあるのも事実。86頁でも言及したように、「SNSから自治体のウェブサイトを見てもらう導線づくり」が大切です。常に意識して、あらゆる媒体を連携させてください。

◇フォロー基準を示すのも効果的

また、積極的にフォローすると決めた場合は、フォロー基準を共有する場としても有効なのが、プロフィール欄です。知らないアカウントから突然フォローされることをストレスだと感じる人もいます。そんな時も、例えば「中の人は広島カープファン」などと書かれていれば、「あ、同じカープファンだからフォローしてくれたのか！」とわかります。それどころか、カープファンコミュニティの信用度が高まり、フォロワーも自ずと増えていきます。いきなりフォローされたぞ、と怖がられないようなプロフィールづくりがポイントです。

呉氏（くれし） Tw
広島県呉市
▼

事例49 ― まちへの愛着を代弁する

フォロワーを増やすという点でも、地元にスポーツのクラブチームがある自治体はチームの情報をチェックしておくことをお忘れなく。クラブチームやサポーターの熱量に共鳴し、いっそう地元愛を高める例として、広島県呉市の〝地元愛ダダ漏れ〟なツイートが参考になります。

呉市民の胸の内を代弁するかのように、心境をそのままツ

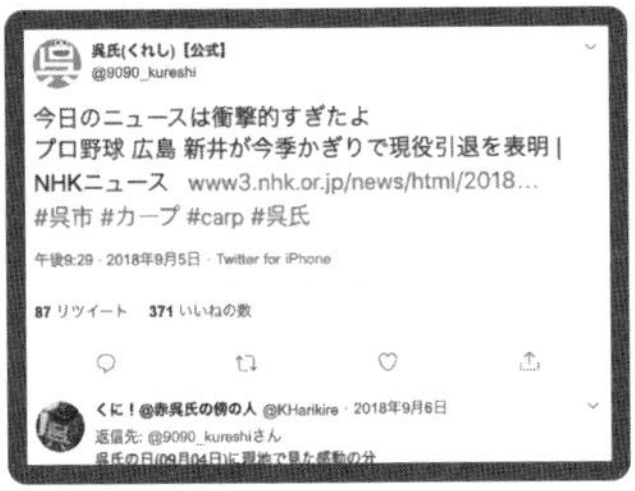

呉氏（くれし）
2018年9月広島カープの新井貴浩選手が今季かぎりで現役引退を表明するという報道に対して呉市のアカウントである「呉氏」による素直な感想ツイート*
呉市 | 2018年9月5日 公開

* 出典：https://twitter.com/9090_kureshi/status/1037316685995241472

イートをしています。これは広島カープだけでなく、サッカーならサンフレッチェ広島、バスケットボールなら広島ドラゴンフライズなどと、別のスポーツに置き換えても同様です。

4-2 地縁型発信のコツ

(1) 地域のうれしいニュースはワクワク感を伝える

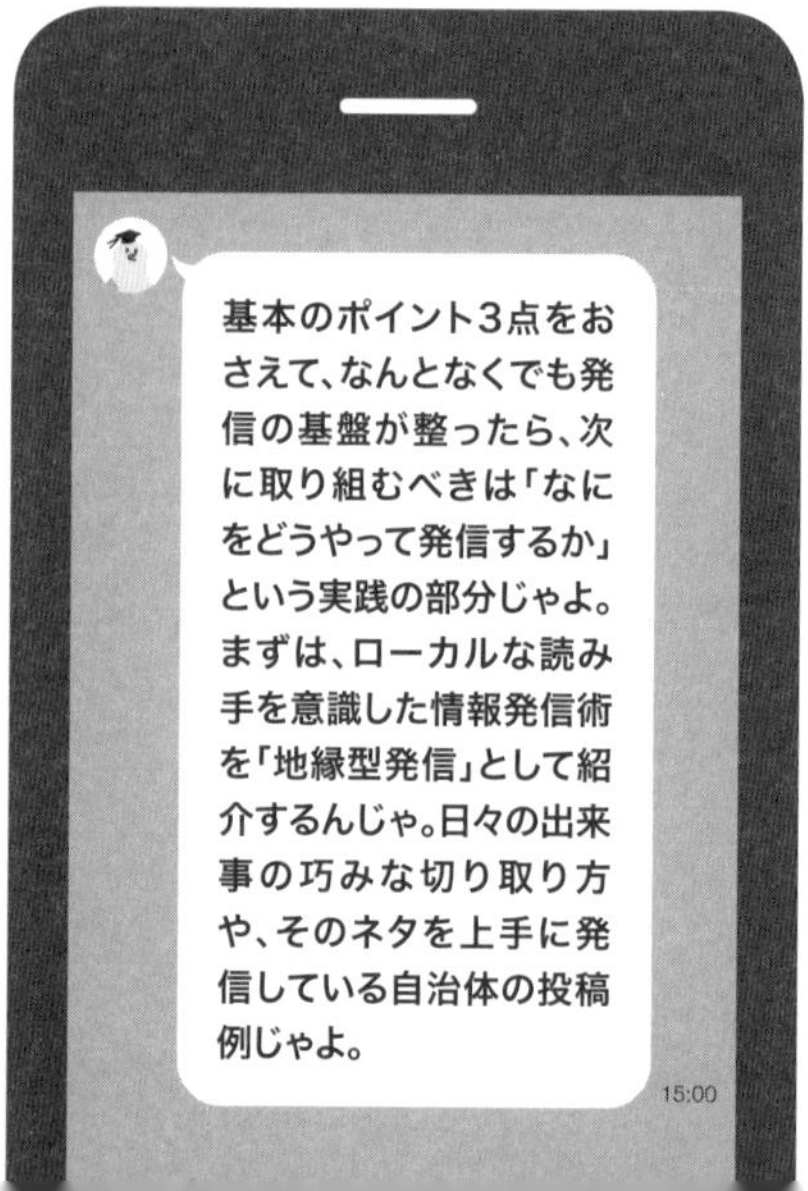
基本のポイント3点をおさえて、なんとなくでも発信の基盤が整ったら、次に取り組むべきは「なにをどうやって発信するか」という実践の部分じゃよ。まずは、ローカルな読み手を意識した情報発信術を「地縁型発信」として紹介するんじゃ。日々の出来事の巧みな切り取り方や、そのネタを上手に発信している自治体の投稿例じゃよ。
15:00

うれしかったことって、誰もが「良かったね」といいやすくて、思わず「いいね！」を押してしまいたくなりますよね。数あるニュースのなかでも感情をのせて発信しやすいのでオススメです。ここでは〝うれしさへの共感〟をうまく引き出している2つの投稿例を紹介します。

かむてん Tw
山形県新庄市

▼事例50—ゆるキャラの熱量を文章に込める

こちらは山形県新庄市のイメージキャラクター「かむてん」が、自身のTwitterアカウントで『少年ジャンプ』掲載を伝えるツイート。かむてん本人がテンション高く喜ぶことで一大ニュース感が高まり、フォロワーの反応も大きいですね。神室山《かむろさん》に住む天狗「かむてん」をデザインした新庄市出身の漫画家（『幽☆遊☆白書』『HUNTER×HUNTER』でお馴染み）冨樫義博さんと当時『ジモトがジャパン』を連載中だった林聖二さんが同じ誌面に連載しているご縁で実現したようです。

かむてん
かむてんが少年ジャンプにチラッと登場しているのを二度見する喜びの表現も◎*
新庄市

* 出典：https://twitter.com/kamuten_shinjo/status/1052100603596304384

宮崎県広報 Tw
宮崎県

▼事例51―道路ファンが好きなネタで、まちの新しい見方を紹介する

こちらは宮崎県秘書広報課広報戦略室のツイート。道路ファンによって「ヘキサ」と呼ばれる青い六角形の都道府県道番号の標識を紹介しています。この標識があるのはかつて船が往来していた港ですが、その後施設が移転してから50年近く名残として残されているんだとか。また同様に、駅前広場にある「飫肥停車場線」の看板についても紹介。うっかり見過ごしてしまいそうですが、実はこの「飫肥停車場線」の32ｍは短い県道の多い「～停車場線」のなかでもとりわけ短いようです。

道路の何気ない標識から、まち歩きファンの心を「見に行ってみたい！」とくすぐるツイートでもあり、あまり興味のない方々にもまちの歴史の奥深さをさらりと伝えています。

宮崎県広報

標識にズームして撮影しているのもわかりやすく伝えているポイント[*1]

宮崎県秘書広報課広報戦略室	2018年11月13日 公開

[*1] 出典：https://twitter.com/miyazakipref/status/1062246274576080896

(2) 役立つ地域情報や生活ノウハウをおすそわけ

うれしい情報と並んで広がりやすい情報は、誰かにとって役立つ情報です。例えば筆者のある日のＬＩＮＥには、大阪市天王寺区役所から緑化講習会の情報や、愛知県春日井市からはハーモニーフェスティバルのイベント情報、埼玉県北本市から仕事づくりの講演会情報、茨城県ひたちなか市から台風で被災された方への支援情報などが届いていました。イベントや支援に関する情報は、定期発信の主要コンテンツです。

▼ 事例52 ― **地域支援情報はプッシュ型で**

橋本市LINE LI
和歌山県橋本市

こちらは和歌山県橋本市のＬＩＮＥアカウント。２０１８年10月31日に子育て中の方に向けて配信されたＬＩＮＥメッセージです。子育てで手が離せないような方には、ＬＩＮＥのように「プッシュ型（届けたい情報をメールのように自動的に配信する

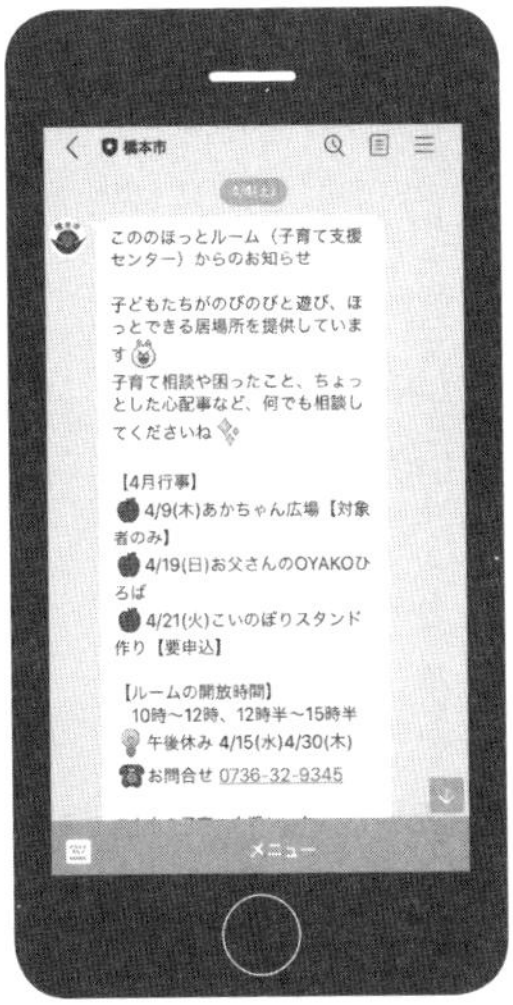

橋本市LINE
市民に向けた発信、特に子育てで手が離せないような方に向けたかゆいところに手が届くような発信がわかりやすい*2
橋本市 | 2018年10月31日 公開

*2 出典：https://page.line.me/smm6447s

こと）」で要点を知らせてくれるサービスは便利ですね。橋本市のＬＩＮＥはさまざまな部署の情報を届けてくれますが、配信数が多い分、誰に向けた発信なのかがすぐにわかる配慮が行き届いているのもうれしいところです。

仙台市危機管理室 Tw
宮城県仙台市

▼事例53　ターゲットを示すことで情報にメリハリを

ＳＮＳで役立つ生活情報を伝えるときも、ターゲットをはっきり絞る一工夫で、情報が届きやすくなります。最も簡単なのが、【かぎかっこ】を使うこと。見出しがあるだけで本文の伝達スピードが高まります。仙台市危機管理室の投稿でも、【風しん予防接種】という見出しが、関心ある読み手へのフックになっています。また「妊婦の周りの人や30代〜50代の男性」などと、特に気をつけてほしいターゲットを示すことで、より自分事として目に留めてもらいやすくなります。

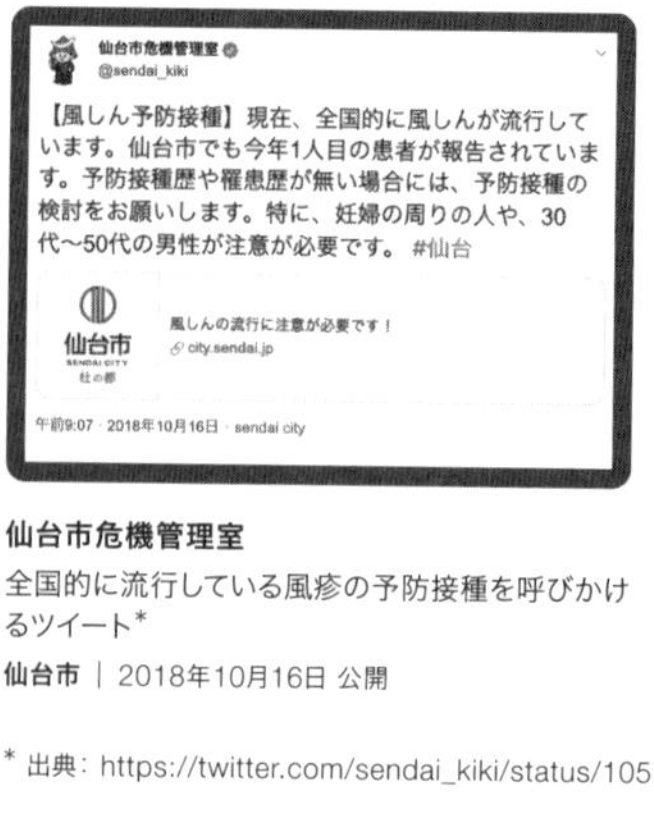
仙台市危機管理室
@sendai_kiki
【風しん予防接種】現在、全国的に風しんが流行しています。仙台市でも今年1人目の患者が報告されています。予防接種歴や罹患歴が無い場合には、予防接種の検討をお願いします。特に、妊婦の周りの人や、30代〜50代の男性が注意が必要です。 #仙台
仙台市
SENDAI CITY
杜の都
風しんの流行に注意が必要です！
city.sendai.jp
午前9:07 · 2018年10月16日 · sendai city

仙台市危機管理室
全国的に流行している風疹の予防接種を呼びかけるツイート*
仙台市｜2018年10月16日 公開

* 出典：https://twitter.com/sendai_kiki/status/1051987926530179074

(3) プロジェクトや催し物の告知はこまめに投稿する

地方自治体が主催するプロジェクトや催し物は積極的に何度も発信しましょう。この「何度も」というところが重要です。例えば10月10日のイベントを10月1日に紹介するなら、10日間の間に何度か投稿するのがポイント。10月1日に更新したきり発信がなく、イベント当日に「イベントが開催されました！」という報告だけ、という例をよく見かけます。毎日同じ投稿が続いて煩わしく思われることを恐れている人が多いようですが、それどころか毎日SNSを開いていない人は大勢います。FacebookやTwitterのタイムラインは〝流れ去って埋もれる〟のが基本。投稿の時間帯を変えてみる、イベント準備の様子を発信する、参加人数が決まっているものは残席数を伝えるなど、マンネリ化しない工夫をこらしながらも、見逃した人のために気兼ねせず発信しましょう。ここで紹介するのは、盛りあがりをうまく伝えている事例です。

▼ 事例54― **情報にアクセスする導線を用意する**

Fb **ずーしーほっきー**
北海道北斗市

なにはともあれ、まずはどんなプロジェクトなのか知ってもらうことが肝心です。北海道北斗市の公式ゆるキャラ「ずーしーほっきー」のFacebookページでは、翌日から走りはじめる「いさ鉄夜景列車」の情報を伝えています。運行ダイヤを掲載したチラシ紙面を直接貼り付けるだけでなく、詳細情報を知ることができる特設ページ（現在は閉鎖）への導線もしっかり用意されています。また、ダイヤなどの文字情報を去年の車内写真と並列で発信することで、デコレートされた車両の美しさやわくわく感も伝わる投稿です。

国立市Twitter Tw
東京都国立市

▼

事例 55

テレビカメラが映すワンシーンのように解説する

こちらは東京都国立市の公式Twitterアカウントが旧国立駅舎の再築工事現場をレポートする投稿。「よーく見ると（略）なんと1885年製のレールなんです！」などと感情豊かな投稿で、再築される駅の見

ずーしーほっきー
「いさ鉄夜景列車」の情報を伝える投稿。夜空にきらめく津軽海峡と函館山のシルエットを車窓に眺められるそう*[1]
北斗市 ｜ 2018年11月22日 公開

国立市Twitter
旧国立駅の駅舎が工事中であることを伝えるツイート*[2]
国立市 ｜ 2019年2月13日 公開

*[1] 出典：https://www.facebook.com/zushihocky/posts/1966779500065795
*[2] 出典：https://twitter.com/city_kunitachi/status/1095516585588973568

どころが伝わるよう工夫しています。淡々とした表現になりがちなレポートでも、このような少しの工夫で、もっと知りたいという気持ちにさせられるから面白いですね。

(4)「なぜ？」や「そうそう！」という気持ちをつくる

共感できる表現が、未来の読み手をつくります。簡潔明瞭な文章を心がけることはもちろん、なにを強調したいかを意識して、文章にメリハリをつけることが大切です。そして、好奇心を掻き立てたり「自分に関係がありそう」と思わせたりする文を心がけましょう。テレビやCMなどでよく目にする「白髪が気になりだしたら」「万年腰痛のあなたへ」「運動しなくても体脂肪が減らせる」などのフレーズもヒントになりますね。

こちら、枚方市です！ Tw

大阪府枚方市

▼

事例56

誤ったごみの出し方の結果をリアルに見せる

こちらは大阪府枚方市のTwitterアカウント「こちら、枚方市です！」の投稿です。使い捨てライターの出張回収という

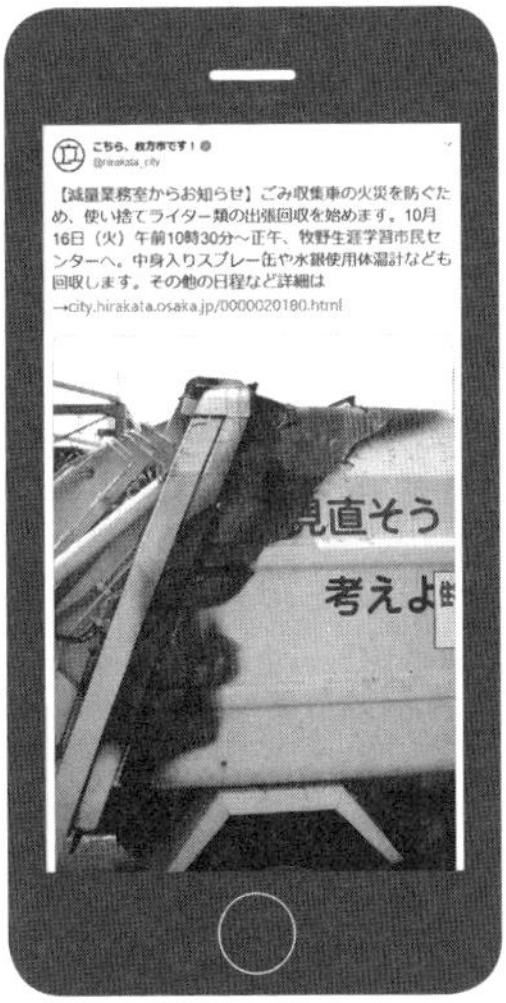

こちら、枚方市です！
枚方市の減量業務室より、ごみ収集車の火災の焦げ跡を写真つきで伝えるツイート[*3]
枚方市｜2018年10月9日 公開

[*3] 出典：https://twitter.com/hirakata_city/status/1049451577667289088

情報を伝えるものですが、なぜそれをするのか、無残に焼け焦げたごみ収集車の火災写真を見せると一目瞭然です。「嗚呼、使い捨てライターをごみとして捨てたことがこんな結果をもたらすのか」と心に響きます。こちらの車両火災の様子は投稿する文章と写真撮影を減量業務室で考えてもらい、広報課で体裁を整えて投稿されたそうです。出張回収は定期的に行われるものなので、同じ内容をTwitterだけでなく、Facebookページや Instagramなどでどんどん発信していくのもよいのではないでしょうか。

大阪府警察交通部公式チャンネル ▶

大阪府警察

▼事例57―予算がなくても今できることを総動員して発信する

普段のイメージを良い意味で打ち破って注目を集めた例としてご紹介したいのが、大阪で開催されたG20サミット（先進国と新興国20カ国・地域首脳会議）期間中の道路情報を伝える大阪府警察のYouTube投稿です。インターネット上では、まさか警察がつくったとは思えない手づくり感へネットユーザーからツッコミが殺到、3万回以上再生されました。さすが大阪。予算がなくても今できることを自分たちでやる姿勢への賞賛ともとれるでしょう。結果、多くの人がG20期間の道路情報を目にしたはず

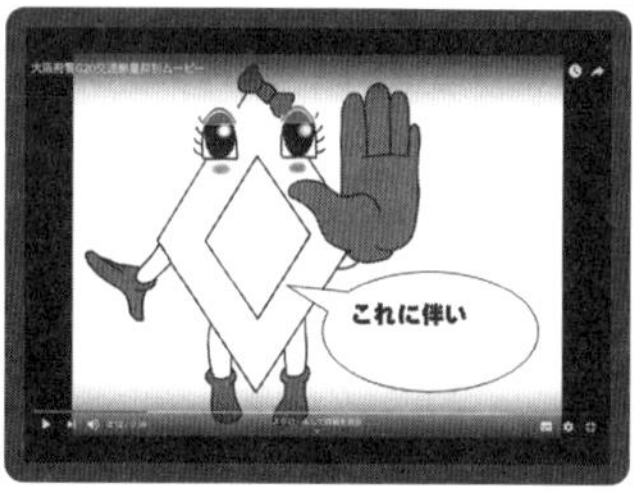

大阪府警察交通部公式チャンネル
「ヨーデル」をBGMにイメージキャラクターがG20期間中の道路情報を伝える動画[*1]
大阪府 ｜ 2019年4月22日 公開

*1 現在こちらの動画は非公開ですが、似たクオリティの動画は大阪府警察交通部公式チャンネルでたくさん閲覧できます

です。プロモーションを広告代理店に丸投げせず、逆に目に留まった好例ですね。

(5) あえてターゲットを絞る

事例58 — 自分に関係があると感じてもらう

子育て情報Facebookページ
大阪市平野区

こちらは大阪市平野区役所子育て情報ページです。平野区役所子育て支援室の役割をストーリー仕立てで紹介しています。投稿担当者の子育て経験を交えて、〝子育てあるある〟な発言を盛り込んでいます。思わず相槌を打ちたくなる実感の込もった表現は、読み手の目に留まる確率が高まります。

大阪市平野区役所子育て情報ページ
平野区役所 子育て支援室の役割をストーリー仕立てで紹介するもの*2
大阪市平野区 | 2017年5月22日 公開

事例59 — 住民と積極的にコミュニケーションをとる

かわにしさんぽ
兵庫県川西市

こちらは兵庫県川西市のシティプロモーションサイトが運営する、公式Instagram「かわにしさんぽ」です。かわにしさんぽの投稿ポイントは、架空の主人公・川西市に住む24歳の女性、高梨さくらさんとして発信していることです。花屋さんで働いていて、写真を撮るのが趣味という設定。『川西市デ

*2 出典：https://www.facebook.com/hiranokukosodate/posts/1884018165201513:0

ジタル観光ガイドブック「かわにしさんぽ」』で生まれた登場人物だそう。川西市として20〜30代の若い女性向けの情報を発信するときに多く活用され、市役所特有の堅苦しさがなく、愛犬との散歩の様子などが発信されます。例えばこのパスタ専門店をハイクオリティな写真で紹介した投稿には、６００人以上から反応が。

ハイクオリティな写真に心奪われがちですが、注目してほしいのは

・住民を積極的にフォローしていること
・コメントにも積極的に返事していること
・ハッシュタグをたくさん活用されていること

です。当時の担当、川西市文化・観光・スポーツ課の稲治惟也さんのお話によれば〝高梨さくらの視点〟でフォローバックしているといいます。ちなみに川西市には公式Instagramがもう１つあります。２０１７年４月に開設したかわにしさんぽと並び、同年5月から「きんたくんインスタ」も運用されています。どちらも一人称がしっかり設定され、お役所言葉を乗り越える狙いがあるようで、「登場人物の言葉でフォロワーに受け止めていただきやすい語彙を使うようにしている」と稲治さんはいいます。確かにInstagram内でいい距離感のコミュニティが生まれているように感じます。

かわにしさんぽ

おいしいイタリアンがハイクオリティな写真で紹介されている[*1]

川西市 | 2017年5月22日 公開

[*1] 出典：https://www.instagram.com/p/BfNjeA6ne_L/

たはら暮らし
愛知県田原市

▼ 事例60― 圧倒的クオリティの写真で見せる

愛知県田原市の公式Instagram「たはら暮らし」も川西市と同じく住民の方を積極的にフォロー。コメント欄でのやりとりも活発です。担当するのは、田原市広報秘書課の下村英樹さん。田原市でなければ撮れないサーフスポット、農作業や季節の風景を撮り集め、地元の魅力を掘り起こしています。

「市民の方にインスタ見てるよ、といわれたときはうれしいですね。コメントへの返信は、フォロワーの方がもっと田原市に愛着をもってくれることを期待して、できるだけフランクに回答するよう心がけています」。下村さんの遊び心は、検索のためのハッシュタグ（#）機能を文章として用いているところにも。自然と親しみを感じてしまいますよね。

たはら暮らし
ビニールハウス内でみかん収穫の様子を伝えるもの*2
田原市｜2018年7月3日 公開

*2 出典：https://www.instagram.com/p/BkwAB5IB9Ki/

4-3 テーマ型発信のコツ

(1) 記念日を活用してまちへの愛着を高める

「テーマ型」の具体例としてわかりやすいのが、記念日です。

SNSで「記念日」と「日付」で検索すると、ほぼ毎日なにかの記念日であることがわかります。TwitterやInstagramで検索してみると、さまざまな自治体の過去の投稿が参照できます。

例えば試しに**#オーケストラの日**というハッシュタグを検索してみてください。文化施設や中高生のブラスバンド部などで活用されているのがわかります。さらに楽器店や交響楽団などの投稿もたくさんシェアされています。つまり一時的に、オーケストラに関心のある人や楽器をもっている人

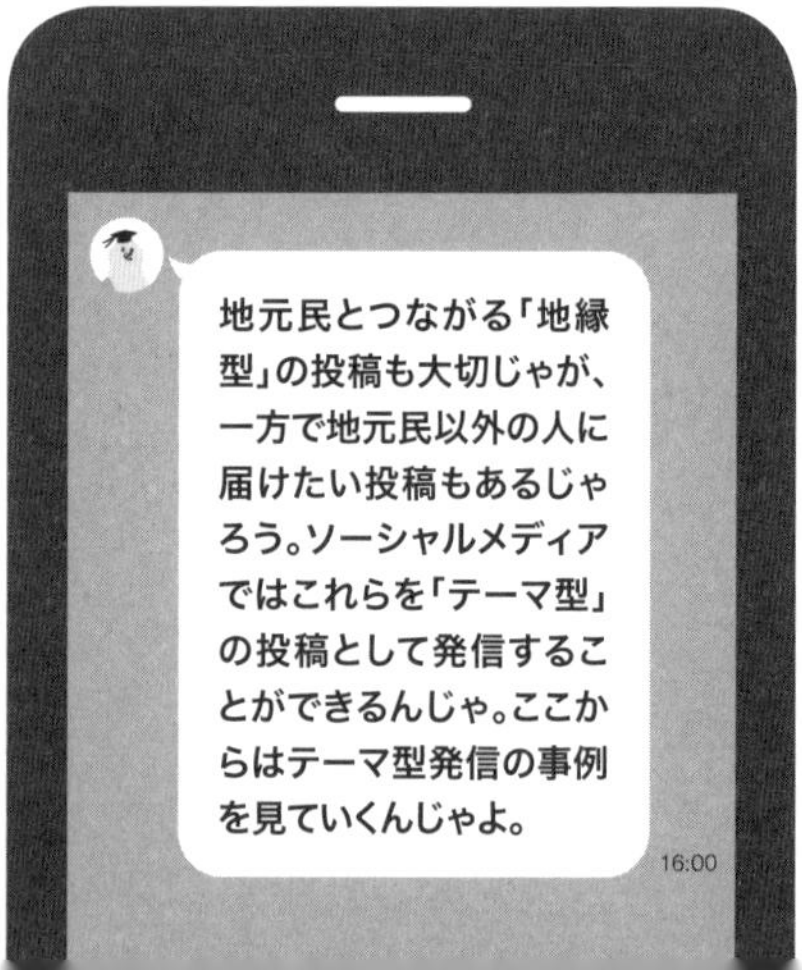
地元民とつながる「地縁型」の投稿も大切じゃが、一方で地元民以外の人に届けたい投稿もあるじゃろう。ソーシャルメディアではこれらを「テーマ型」の投稿として発信することができるんじゃ。ここからはテーマ型発信の事例を見ていくんじゃよ。
16:00

のコミュニティが発生するのです。ここに届けるのがテーマ型の発信です。同じようにマラソンやバスケット、水泳などのスポーツイベントをはじめ、あらゆるテーマで関心層とつながることができます。

それではまず、記念日を上手に活用している自治体の「テーマ型」発信事例を紹介します。

▼事例61 ― 短い動画を活用する

さのまる こーしきついったー Tw
栃木県佐野市

こちらは栃木県佐野市のゆるキャラ・さのまるのTwitterアカウントです。フォロワーはなんと3.4万人。さのまるが1日を過ごしている様子をツイートするよう心がけていると話してくれたのは佐野市都市ブランド推進課の千葉利朗さん。特に反響が大きいのは、この投稿のように10秒程度の短い動画だとか。「かわいいさのまるや、おもしろいさのまるを10秒でコンパクトに撮影しています。その積み重ねでフォロワーが少しずつ増えていきました」と千葉さん。ゆるキャラ動画を通してまちのいろんな情報を知ることができる楽しい運用ですね。

さのまる こーしきついったー
地質の日のハッシュタグに添えられた動画。佐野市の葛生《くずう》地域には石灰岩が分布し、葛生化石館がある。投稿には、さのまるを応援するコメントがたくさん*

佐野市都市ブランド推進課 | 2019年5月12日 公開

* 出典：https://twitter.com/sanomaru225/status/1127501824229949440

臼子ねぇさん Fb
北海道浦臼町

▼

事例62 ― 季節系のハッシュタグを使う

毎年必ずニュースになるキーワードの1つが、**#成人式**です。テレビやラジオの報道でも、各地の様子をとりあげますよね。必ずその日になれば注目キーワードになるハッシュタグを使うのも効果的な方法。北海道浦臼町観光大使・臼子ねぇさんのFacebookページをご覧ください。

浦臼町の成人式の一幕です。たくさんシェアされているのは、夕日を眺めてたそがれる臼子ねぇさんの面白さだけでなく**#成人式**という瞬間的に関心が高まるハッシュタグを活用していることも大きいです。ちなみに浦臼町は人口わずか2000人の小さなまちですが、Twitterでもこのような発信を続けた結果、人口と変わらないフォロワーがいらっしゃいます。

臼子ねぇさん
北海道浦臼町観光大使、臼子ねぇさんが教室でこれまでの人生を振り返る投稿。もちろんあの名曲のオマージュ*1
浦臼町 | 2019年1月13日 公開

*1 出典：https://www.facebook.com/usuko2013/photos/a.437327719701707/1680518965382570/

【Twitter モーメントカレンダー】

Twitter マーケティング（@ TwitterMktgJP）のアカウントが公開してくれている「モーメントカレンダー」[*2] が便利です。利用者の心が動くタイミングや Twitter の文脈にあった投稿のヒントが公開されています。Twitter に限らずどんな SNS にも活用できて便利！

使わない手はないですよね。来週こんな記念日が控えているから投稿準備しておこう、と考えるきっかけになります。

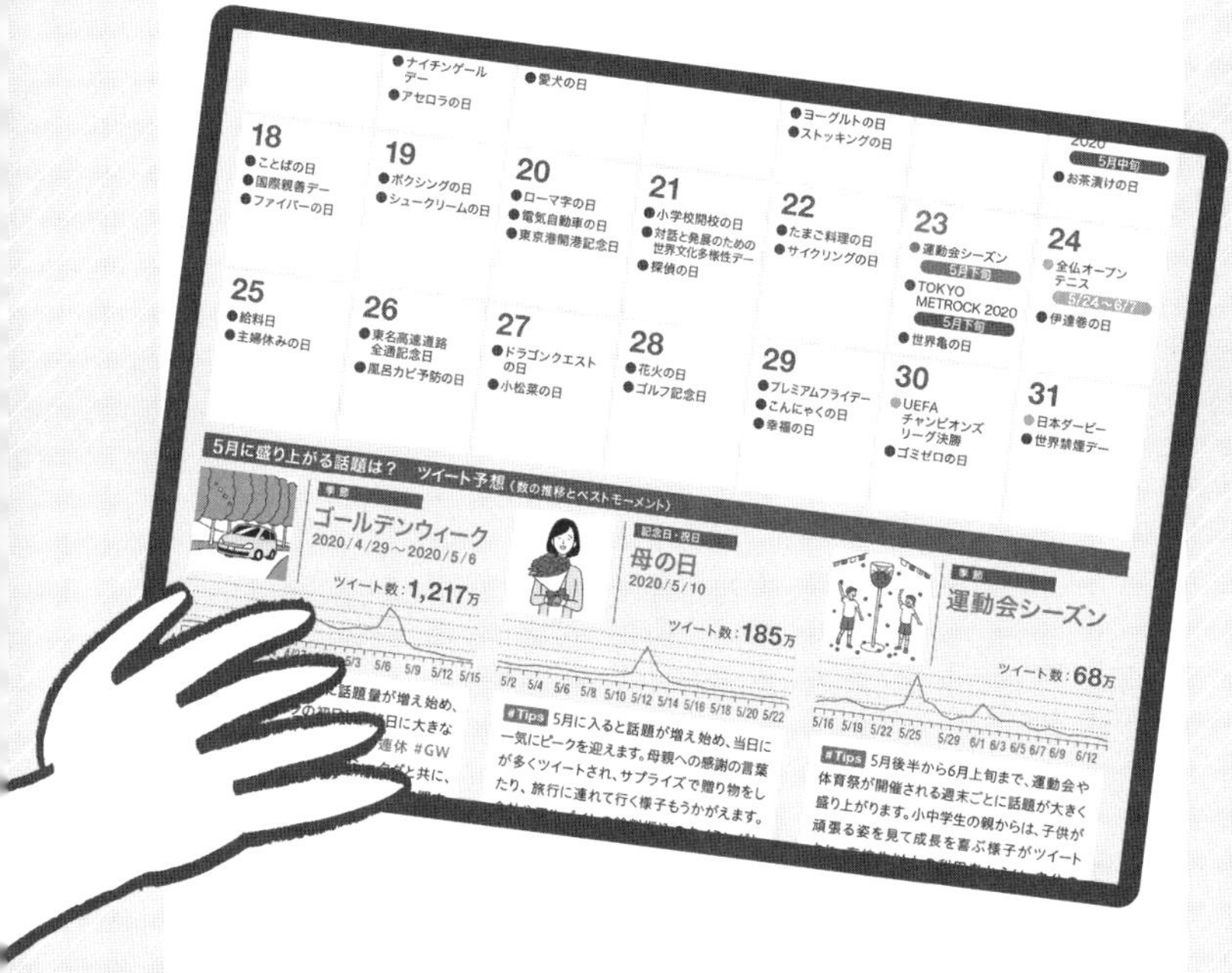

[*2] 出典：**Twitter マーケティング** ｜ 2020年3月19日 公開
https://twitter.com/TwitterMktgJP/status/1240477262547259392

長岡京市役所 Tw
京都府長岡京市

▼
事例63 ― 地元の著名人を応援する

こちらは京都府長岡京市のTwitterアカウント。地元出身のサッカー選手が最優秀選手に選ばれたというニュースです。公式Twitterと比べると、Facebookページのほうが反響も大きいようですね。地元出身という「地縁型」の情報とサッカーという「テーマ型」の情報が掛け合わさると、情報の届く範囲も広がっていきます。自治体に住んでいる方や出身者で著名な方は、日ごろから注目しておくことをオススメします。

(2) トレンドを掴んでまちの「今」をつねに更新する

時事ネタとの掛け合わせも、読者を惹きつけるきっかけになります。最新のトレンド情報を知りたいとき、皆さんはなにをチェックしていますか？ ここでは最も簡単な方法をいくつかご紹介します。

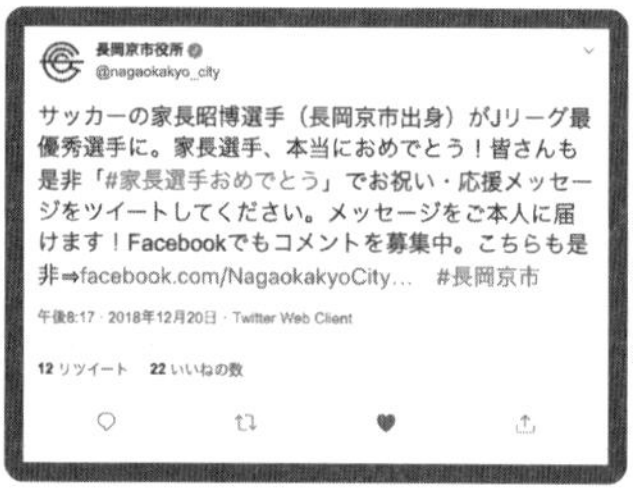

長岡京市出身のJリーガーが最優秀選手になったことを伝えるツイート。同時に長岡京市のFacebookページでも宣伝している*1

長岡京市役所 | 長岡京市 | 2018年12月20日 公開

*1 出典（右）：https://twitter.com/nagaokakyo_city/status/1075711672952664064
出典（左）：https://www.facebook.com/NagaokakyoCityOffice/posts/2183270618598334

まず試しに「Yahoo! リアルタイム」と「Googleトレンド―急上昇ワード」を検索してみてください。毎日、リアルタイムで検索されているトレンド情報を手に入れることができます。

Twitterにも**#話題を検索**というタブがあります。ここで検索トレンドが表示されます。このように今みんなが注目しているタイムリーな話題を知ることができます。

また、3章のはじめに紹介した「Googleアラート」は、ローカルなトレンドを入手するツールとしても便利。地元のランドマーク、地元の有名人の情報を登録しておくことをオススメします。

▼

事例64― 芸人さんやテレビで話題のネタに便乗する

Twitterで流行りに乗るには、テレビで話題のネタに便乗する方法が手軽で簡単です。

こちらは宮城県岩沼市のマスコットキャラクター「岩沼係長」のTwitterアカウント。地元食品会社が人気お笑いコンビのサンドウィッチマンさんとコラボして開発した「レモンクリームチキンカレー」を紹介しています。揚げ物を食べても、平気な顔で「カロリー0（ゼロ）」といい切る芸が話題

岩沼係長 Tw
宮城県岩沼市

岩沼係長
文末の(嘘)がキャッチーさを引き出している*2
岩沼市 | 2018年9月27日 公開

*2 出典：https://twitter.com/iwnm_kakarichou/status/1045232117087580160

になったサンドウィッチマンさんの定番ネタに便乗した投稿で、地域や世代を超えて、彼らのファンをはじめとした県外の方に目に留めてもらいやすくなっています。

最近は、テレビの報道番組でもTwitterのハッシュタグを追いかけるようになりましたよね。リアルタイムで流行りや話題のニュースを取り入れる工夫、ぜひ試してみてください。

岩沼係長

岩沼係長がサンドウィッチマンさんのライブに参加した様子*

岩沼市 ｜ 2018年10月16日 公開

* 出典：https://twitter.com/iwnm_kakarichou/status/1052110580218126337

4-4 地域の情報は〝面〟で見せる

(1) 数字は万人を納得させる最強アイテム

数字をうまく活用すれば、より正確でキャッチーな情報になります。例えばテレビCMで目にする「10秒チャージ」「タウリン2000㎖」「30分おまかせキャンディ」など。1日分の野菜が摂れるという売り文句もよく見かけますね。数字を入れると短い言葉でも情報量がぐっと増えます。大きすぎて規模が伝わりづらい敷地の広さなどは「東京ドーム○個分」「甲子園球場○個分」と皆が知っているものに置き換えて数で示すとわかりやすくなります。新聞の見出しなどマスメディアでも、事実を伝える重要な要素として数字は多く使われているので、チェックしておいて損はありません。

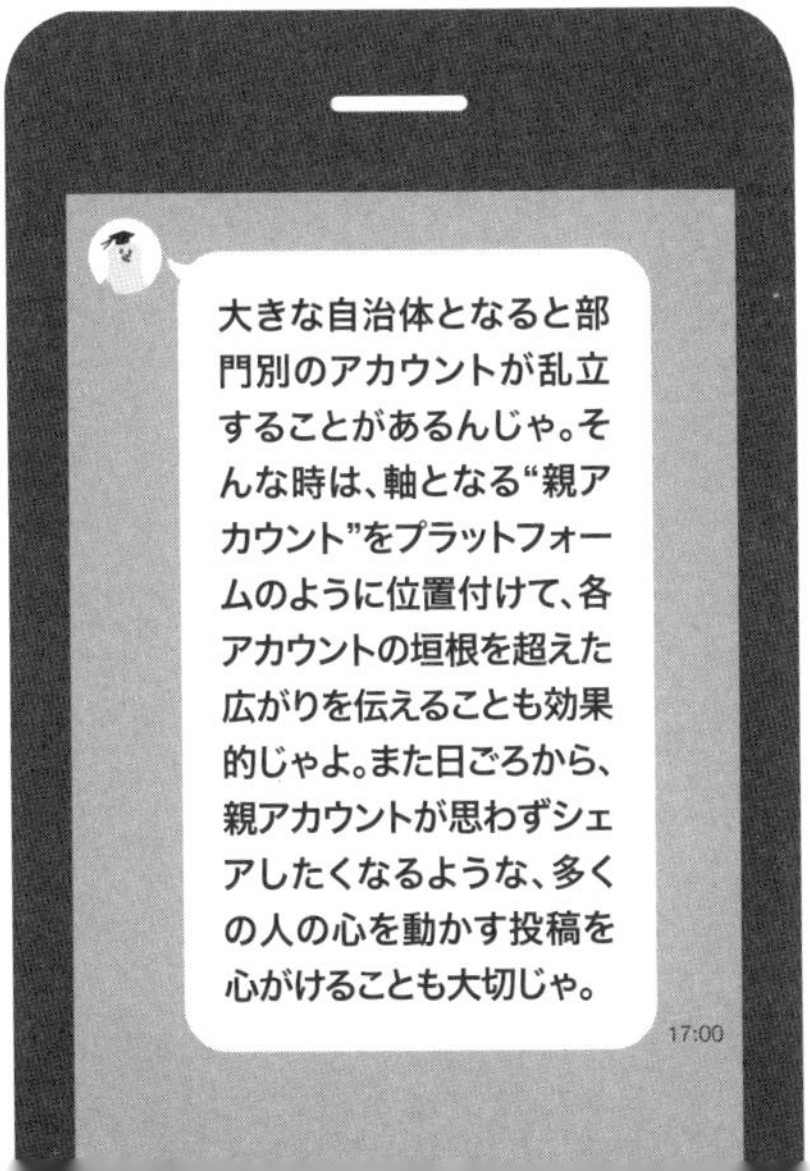
大きな自治体となると部門別のアカウントが乱立することがあるんじゃ。そんな時は、軸となる“親アカウント”をプラットフォームのように位置付けて、各アカウントの垣根を超えた広がりを伝えることも効果的じゃよ。また日ごろから、親アカウントが思わずシェアしたくなるような、多くの人の心を動かす投稿を心がけることも大切じゃ。
17:00

国立市Twitter
東京都国立市

▼

事例65 ― 量のインパクトは数字で伝える

こちらは国立市市長室広報・公聴係による、ある日の清掃活動を伝えるツイートです。市内のJR３駅を中心に道路、公園等を一斉清掃する「ごみ０（ゼロ）運動」で約２２００kgのゴミを収集したのだそう。サラッと書いていますが、１日で約２２００kgって驚きの数字ですよね。ＳＮＳでの発信も、参加者だけでなく読み手にも活動を波及させ、気づきを与えるための、れっきとした清掃キャンペーンなのです。

ワケ猫ちゃん
宮城県仙台市

▼

事例66 ― 関心の連鎖で心を動かす

仙台市が取り組む「１００万人のごみ減量大作戦」のゆるキャラ「ワケ猫ちゃん（48頁）」によるつぶやきです。タイで亡くなったクジラの胃の中から８kgものプラスチック袋が出てきたという話題。自分事として捉えづらい環境問題を、多くの方の心に届くように工夫して発信しています。レジ袋削減という小さな心がけが

国立市Twitter

約2200kgのごみを収集したことへの感謝をハッシュタグ付きで伝えている[*1]

国立市｜2018年11月26日 公開

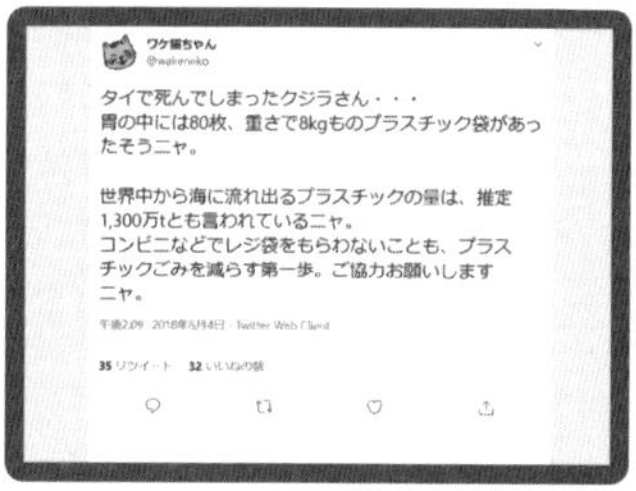

ワケ猫ちゃん

仙台市の100万人のごみ減量大作戦のゆるキャラ「ワケルファミリー」の一員ワケ猫ちゃんによる投稿。写真がなくても事実のインパクトが残る[*2]

仙台市環境局家庭ごみ減量課｜2018年7月3日 公開

[*1] 出典：https://twitter.com/city_kunitachi/status/1066973368849584128
[*2] 出典：https://twitter.com/wakeneko/status/1003503879370170369

クジラの命を守る一歩につながると思うと、やる気がでますね。

(2) 写真のインパクトを活かす

TwitterでもFacebookでもInstagramでも、写真1枚のインパクトは絶大です。写真に写る人が楽しそうだと思わず「いいね！」を押してしまいませんか？ その効果を上手に活用している事例を紹介します。

北斗市観光協会 Fb
北海道北斗市

▼事例67― 目をひく写真を添えて発信する

105頁で紹介した北海道北斗市の観光協会のFacebookページ。ずーしーほっきーが地域の物産フェアを紹介しています。着ぐるみのインパクトはやはり圧倒的。タイムラインに流れてくると、すぐ目に飛び込んできますね。ちなみに、Facebookページで複数枚の写真を投稿す

北斗市観光協会
隣町の函館市にある書店で北斗市のゆるキャラ「ずーしーほっきー」が地元をアピールしている様子*3
北斗市 | 2018年11月12日 公開

*3 出典：https://www.facebook.com/hokutokankou/posts/2094471197307441

ると、1枚目が大きく表示されることに注意してみてください。2～4枚目は小さく副次的に、それ以降はクリックしないと見られません。つまり、いかに1枚目に興味を引く画像をもってくるかが勝負です。

グッドサイクルいこま Fb
奈良県生駒市

▼
事例68 ― 満点の笑顔とともに魅力を伝える

こちらは全国初の〝手紙付き〟婚姻届として話題になった「おもいをかわす婚姻届」の魅力を伝える生駒市の投稿です。満面の笑みで婚姻届けを持っている2人が3年後の自分たちにどんなメッセージを書いたのか、自然とちょっとしたドラマを想像してしまいますよね。あたたかい祝福のアイデアが詰まった婚姻届けの魅力を最大限に伝える投稿です。「いいね！」も700以上カウントされていました。

グッドサイクルいこま
手紙付き婚姻届の魅力が伝わる満点の笑顔*1
生駒市 ｜ 2016年12月12日 公開

茨城をたべよう Tw
茨城県

▼
事例69 ― つくり手の顔が見える美味しさ

こちらは、〝食材は人が持って撮影〟という鉄板テクニックを活用した茨城県営業戦略部販売流通課のTwitterアカウント。大洗町の水産加工会社カジマの「ずわいかにたっぷりコロッケ」が全国コロッケフェスティバルでグランプリを受賞したという知らせです。商品だけでなくつくり手の顔

*1 出典：https://www.facebook.com/goodcycleikoma/posts/1766038640324974

が見え、喜びの感情が伝わってくる文面です。コロッケの美味しそうな断面接写や、写り込んだ「優勝」の文字もインパクトがあり、商品ページのURLを貼って購買導線が用意されているところも効果的です。

茨城をたべよう
地元企業のコロッケが全国コロッケフェスティバルのグランプリを獲得したことによる喜びのツイート*2
茨城県営業戦略部 販売流通課 | 2018年10月10日 公開

神戸市広報課 Tw
兵庫県神戸市

▼
事例 70

「カワイイ」を定期的に発信する

カワイイ動物や赤ちゃんの写真や動画も、思わず「いいね！」したくなる投稿の代表格。どんなまちにも「カワイイ」は必ず潜んでいます。神戸市広報課のTwitterをフォローしていると、ハッシュタグ**#きょうのどうぶつ**という投稿が定期的にタイムラインに流れてきます。ジャイアントパンダのタンタン、ラッコのラッキーや明日花《アスカ》と、市内の動物園や水族園にいるキュートな動物たちの多様な表情に、筆者は毎回「いいね！」を押してしまいます。広報の世界では3Bの法則という言葉があり、美人（Beauty）、赤ちゃん（Baby）、動物（Beast）のいずれかを使えば広告効果がアップするといわれるほど、動物たちは人気者です。

*2 出典：https://twitter.com/umaimon_ibaraki/status/1049819626454962176

神戸市広報課は広報業務を代理店やインフルエンサーなどに外部委託せず自治体自身の情報発信力を高めるべく公式Twitterを自主運用してきたそう。神戸市役所の中務雅史さんもその1人。部署を異動する2019年3月まで、公式Twitterアカウントを担当されていたそうです。「公共機関のアカウントは親近感や興味をもたれづらいという課題があり、実際私たちのアカウントも残念ながら知名度が低く、活用されていない現状がありました。でも自治体って魅力的なウェブ向けのコンテンツを実はたくさんもっていて、それを活用しきれていないと以前から考えていました」と話す中務さん。そこで、動物園や水族園にいる動物たち、美しい風景写真、過去の歴史的な写真などを〝定期的〟かつ〝定型的〟に配信することを思いつき、「神戸市ってなんか面白そう」という関心の醸成を狙ったといいます。特にこの〝定型的〟という部分に、市役所ならではの工夫を感じます。自分自身が継続しやすく、かつ後任も引き継ぎやすいことを意識的に心がけているわけです。

　発信者自身が楽しめるのも、継続の大事なポイントだと中務さんはいいます。「**#きょうのどうぶつ**のツイートは、なにより私自身が楽しむ意味でも続けていました。毎朝かわいい動物を見ればそ

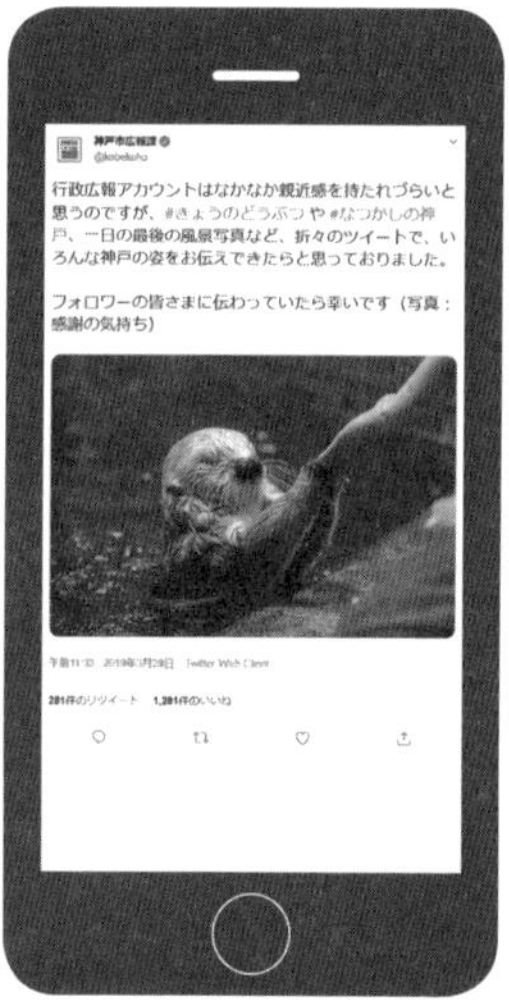

神戸市広報課
職場の異動前にフォロワーにお礼の気持ちを伝えるツイートも動物写真で*
神戸市｜2019年3月29日 公開

* 出典：https://twitter.com/kobekoho/status/1111456197457006597

の日1日を頑張れそうな気がするので」。

使用写真は、広報課が保有する過去の写真や市としてプロのカメラマンに撮影をお願いしたものが多いのだとか。歴史的な写真には紹介文を付けて、毎週水曜日に**#なつかしの神戸**として定期的に配信。「明治・大正期などといった過去の神戸の写真など、Twitterやウェブ上では見たことのないようなレアなコンテンツが好まれます」とのこと。

神戸は地元好きな人が多いといわれます。投稿するたびにいいね!やリツイートで反応してくれる常連さんたちが、このアカウントを〝地元愛の増幅装置〟に育ててくれたそう。「時々このアカウントが褒められると、こっそり感激して『ありがとうございます』と思っています」と中務さん。担当になってからは、自身も神戸がもっと好きになったとか。

(3) 地縁型×テーマ型が出会う場所

こうした、個々のユニークな発信の〝拡声器〟となるのが「親アカウント」の存在です。大きな自治体であれば行政区の上位である「市」、あるいは「県」や「府」といった都道府県レベルの情報を集約するプラットフォームのようなアカウントです。あらゆる関係者を巻き込み、情報を効率的に拡散させるためには、そうしたアカウントの運営者が思わずシェアしたくなってしまうような投稿を心がける視点が重要です。

例えばこちらは「博多千年門」のデザインの背景についての投稿ですが、マニアックな歴史雑学のようなテーマ型の投稿を、地縁のある人がフォローしている福岡市広報戦略室の親アカウントがリツイートすることで、住民があらためて博多千年門に興味をもつきっかけが生まれるかもしれません。

福岡市広報戦略室 Tw
福岡県福岡市

▼

事例71 ― 関係各所の地域情報をリツイートして集約

福岡市広報戦略室のTwitterアカウントを覗いてみてください。広報課のつぶやきを中心に、さまざまな関係各所の情報を集約して発信し、美術館や動物園など、市の関係施設の情報もリツイートされています。このアカウント1つをフォローしておけば、福岡市の情報が集まるので便利、というわけです。

福岡市広報戦略室
福岡市のあらゆる情報を1日中配信しているTwitter公式アカウント*2
福岡市 | 2011年5月11日 開設

博多の魅力
福岡市博多区役所企画振興課から歴史と伝統文化にあふれる博多の情報を伝える*1
福岡市博多区役所企画振興課 | 2020年2月10日 公開

*1 出典：https://twitter.com/hakatanomiryoku/status/1226727084019474432
*2 出典：https://twitter.com/Fukuokacity_pr

第3部

ウェブの使い方

応用編

第3部のテーマは、脱マンネリ化。基本をある程度マスターすると、もっとスキルアップしたくなるもの。ウェブの知識は奥が深いうえに日々アップデートされつづけ、学びが尽きることはありません。できることが増えた分、利用者のニーズにもっと応えられるようになりますし、住民とのコミュニケーションも活発化できます。5章では“もっと伝わる”情報発信のデザインを紐解き、6章では、オンラインのまちづくりがリアルなコミュニケーションへと連関する未来について視野を広げます。

5章

「伝える」から「伝わる」へ

5-1 あなたのまちのメディアをリデザインしてみる

(1) ブログの価値を見直す

SNSでよく使われ、後ほど詳しく説明する「カテゴリー」(133頁)や「タグ付け」(149頁)といった検索機能は、基本的に〝ストック〟が増えれば増えるほどその効果がうまく発揮されます。いつでも最新の情報が流れるタイムラインだと情報の鮮度が重要視されがちですが、振り返れば2000年前後は、多くの自治体が「ブログサービス」を活用し、記事をストックしていました。しかし2004年に最初期のSNS、ミクシィが登場したことを皮切りに、Twitter、Facebookといった〝流動性〟を強みとした媒体が浸透していきました。2020年7月現在、筆者のウェブサイトでアクセス解析をすると、訪問者の経由メディアは圧倒的にTwitterとFacebookです。

とはいえ、過去のブログ記事にも貴重な地域の魅力は溢れているはず。どんどん活かしていかないともったいない。ここからはストックすべき記事とそうでない記事の特徴や、サービスや流行に左右されにくい記事の活かし方について考えていきます。

(2) コンテンツをストックとするか、フローとするか

ウェブサイトの役割は大きく分けて2つあります。TwitterやFacebookページのような、タイムラインに時系列で流れていくものは「フロー記事」で、ブログのようにアーカイブされたものは「ストック記事」と呼びます。河井孝仁さんの『シティプロモーション　地域の魅力を創るしごと』(東京法令出版、2009、40頁)では、

フロー情報／生の情報・旬の情報ではあるが、その時・その場の流れの中での「言いっぱなし」の情報
ストック情報／客観的に分かりやすく、整理された情報

と紹介されています。

Instagramはフロー記事とストック記事、どちらといえるでしょう? 正直なところ、ユーザーによってフローにもストックにもなるといえます。

例えば、兵庫県川西市のInstagramアカウント「かわにしさんぽ」(109頁)は、まちをプロモーションする一種のフォトアルバム的な活用法をしており、ストック記事としての好例です。ご存じのとおり

Instagramには、スマートフォンで何気なく撮った写真をかっこよく加工し、フォトアルバムのようにストックしたくなる「フィルター機能」がついています。これは明らかにストック記事の特性ですよね。

イベント告知を例にとってみても、Twitterでの投稿は複数回行う人が多くても、Instagramは一度きりが大半です。基本的に「アルバムに写真を増やす」感覚であるため、何度も同じ投稿をするには不向きなサービスだからです。つまり、フロー記事とするかストック記事とするかは使い手次第ではありますが、プラットフォームの向き不向きも大きく影響するということです。下の表を参考にしながら、意識的に運用し、発信の頻度や方法を使い分けることが大切です。

フロー記事向き	Twitter
	LINE
	Facebookページ
	TikTok
両方	Instagram
	Tumblr
ストック記事向き	YouTube
	クックパッド
	ウェブサイト
	ブログ

各種メディアサービスの適性（フロー／ストック）

(3) なんのためのストックなのか？

ストック記事といっても目的はさまざまです。資料性を目的とするなら、例えば3章2節(8)(76頁)で紹介した「別府画像ライブラリー」のTumblrは、湯けむり・温泉、自然・風景、イベントなど、目的別に画像をダウンロードできるストックの好例です。一方、地域愛の可視化も目的となります。筆者がもっとも適していると思うのは、実はブログです。ここからは、見落とされがちなブログの可能性をご紹介していきます。

◇最前線はかわら版?! まちに情報を届けるということ

さて、ブログはご承知のとおり、ストック記事の比重が高く、数年〜数十年のスパンでまちの記録や思い出を留めておける場所です。情報過多なこのご時世、フロー記事だけでいいじゃないか！という意見も多いでしょう。ですが効果的な情報発信は、ストックもフローも「両方に力を入れる」必要性があります。なぜなら自治体ウェブ発信の目的は、「住みたいまちをつくる」ことだからです。まずはフロー記事でまちの魅力を発信し、まちの存在を認知してもらうことから始めるわけですが、「このまちに住みたい／住みつづけたい」と人を増やす段階になった時、情報が網羅されたストック記事は効果絶大です。

まろん通信
東京都小金井市

▼ 事例72 ― **まちの魅力を住民たちが発信する**

東京都小金井市の「まろん通信」。ストック型の代表格、ブログを活用した好例です。グルメ、地域行事名、江戸東京たてもの園や浴恩館といった地元スポット名、〝クマ〟さんや〝東西南北〟さんといったレポーターのハンドルネーム等、さまざまなカテゴリーでおよそ7年分の記事を検索することができます。

小金井市観光まちおこし協会の情報発信担当者、山本幸則さんによると、市民レポーターが自ら写真を撮って原稿を書き、公開するという動きは2013年に始まったそう。地元の商店やまちおこし事業を、7人の市民レポーターにボランタリーで取材してもらう体制をとっています。

事務局（一般社団法人小金井市観光まちおこし協会）と市民レポーターは、月1回、2時間ほど打合せを行い、情報交換や取材の分担を行っているそう。地域の記憶を伝える古写真の使用許可申請など、細かな事務手続きやブログの管理、取材対象とのトラブル発生時の

まろん通信
まろんの里のなかまたちは小金井市観光まちおこし協会がつくるブログサイト*
小金井市観光まちおこし協会 | 2013年9月26日 公開

* 出典：http://koganei-kanko.jp/maron/

調整などは事務局が行います。とはいえ、できるだけ市民レポーターたちの自主性に委ねたいと投稿はレポーターに一任。「記事はシェアする際にチェックし、問題があれば投稿者に訂正を依頼しますが、ほとんどの記事はそのまま公開していますね」と山本さん。「市民目線だからこそ、まちの話題やイベントもより身近な記事になります。通算1500号を超える記事はわがまちを愛する市民レポーターさんらの熱意そのものです」。この「あまり手を加えない」という編集方針は、この後も何度かでてきます。きっと長く継続して運営するための大事なキーワードですね。

◇信頼関係のもとに個性を発揮してもらう

ちなみに「まろん通信」というブログ名は、小金井が江戸時代から、将軍家に献上する栗の産地だったことに由来します。栗をイメージしたゆるキャラやアイコンのデザインは市内にある東京学芸大学デザイン科の学生さんに発注しています。「まちに愛着をもつ市民レポーターや地元の大学生らが楽しみながらつくるからこそ、長く続いている」と山本さんはいいます。

また、市民レポーターの名前が本名ではないことについて山本さんに尋ねてみたところ、市民レポーターは〝まろんの里〟の住人という設定であったことが判明。「市民レポーター活動を仮想空間『まろんの里』にするというアイデアは、もともと学生さんから提案されたものです。ウェブサイトも、栗の住人たちが緑豊かなまろんの里で毎日楽しく生活しているデザインなんです」。山本さんや事務局チームが市民の皆さん、学生さんたちを信頼し、楽しんで関わってもらおうと関係性を大事にしてきたことがよくわかるエピソードです。

◇ウェブと紙の行き来で効果倍増

好評を得ていた「まろん通信」は、2015年から〝かわら版〟も発行していて、毎年2〜3号が地域に無料で配布されているそうです。紙媒体化は当初予想していなかったうれしい展開だった、と山本さんは話します。市民レポーターが写真・記事を書き、編集やレイアウトはもちろん、ブログのデザインで協働した東京学芸大学の学生さんに依頼。小金井市観光まちおこし協会はもともと地元の「桜まつり」などイベントも管理・運営しており、このかわら版が毎年とても便利なお花見スポット案内になるのだとか。

今では駅前や地元の商店で、1号あたり3000部を配布しているといいます。市の調査によると「市の情報の入手手段」は市報89%、回覧板25.9%、ホームページ15%で、まだまだ紙媒体による情報発信が主となっているとのこと。

また、山本さんいわく、小金井市内には市民が自由にチラシ・ポスターを貼ることができる掲示板が100近くあり、紙媒体による情報発信が続いているそう。4キロ四方に12.2万人が住む小さなまちならではのコミュニケーションとして、かわら版はとても有効なようです。ウェブ媒体と紙媒体を掛け合わせた情報発信、この相乗効果は見過ごせませんね。

(4) ツイートのログを自動的に記録してくれるサービス「ツイログ」

ちなみに「ツイログ」という（ツイートのログを自動的に記録してくれる）サービスを使うとTwitterのフロー情報がストックできます。4章で紹介した福岡市広報戦略室のTwitterアカウントは1日平均43件つぶやいているという計測結果が出ました。まれに「1週間に何回ツイートすれば良いか」と質問をいただくことがありますが、福岡市のアカウントのように1日何回でも問題ありません。ですが注意しておきたいのは、先述したように、同じ告知でも表現を変えるなど、くどくない工夫をすることです。

ツイログとはTwitterのつぶやきをブログ形式で保存できるサービス[*1]　2019年6月18日調べ

[*1] 出典：https://twilog.org/Fukuokacity_pr

【情報集めのお役立ちツールTweetDeck】

TweetDeck[*2] は、Twitter 上の複数のキーワードのタイムラインを一覧表示できるサービスです。内閣官房 IT 室の「災害対応における SNS 活用ガイドブック」[*3] でも紹介されていました。

多くの用語をチェックしたい場合は TweetDeck を、被災などの投稿数の変化を把握したい場合は Yahoo ！リアルタイムの活用が紹介されています。災害時は、現場の緊急情報をいち早く発見するコツとして「雨」「地震」などの自然現象と「やばい」「こわい」などの感情、「停電」「渋滞」などの被害や「地名」との組み合わせで検索することが挙げられています。

このようにキーワードを組み合わせればどんな検索も可能になります。例えば、人気の観光地をリサーチしたいなら、地元のランドマークや地名とともに、「うれしい」「楽しい」などの感情で検索するのです。夏休みに「●△× 海水浴場」「駐車場」と検索して地域の混雑情報をうまく把握できれば、混雑緩和の手がかりが見つかるかもしれません。

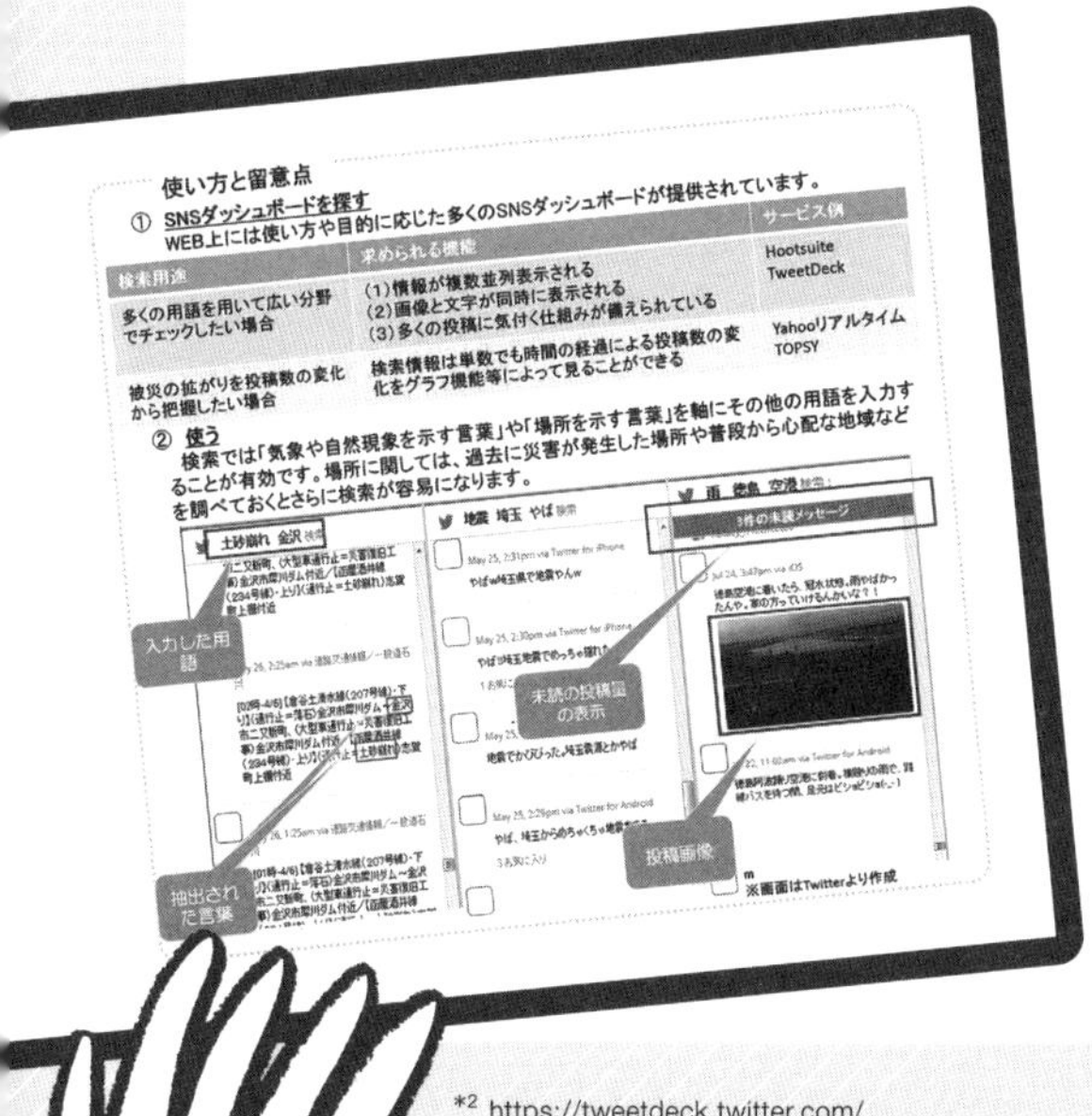

災害対応におけるSNS活用ガイドブック
15頁の(1)SNSを活用した情報収集・分析にあるTweetDeckの使い方がわかりやすい

*2 https://tweetdeck.twitter.com/

*3 出典：**災害対応におけるSNS活用ガイドブック** ｜ 2017年3月14日 公開
https://www.kantei.go.jp/jp/singi/it2/senmon_bunka/pdf/h2903guidebook.pdf

(5) 案外インパクトあり！ アカウント名の活用

ところで、読者の皆さんは「アカウント名」にどの程度気を配っていますか？ たまに見つけるのが、左図のようなYouTubeアカウントです。○△×市のアカウントなのに「広報」としか明記されておらず、「○△×市」と検索しても辿りつくことができません。せっかくの〝○△×市の公式アカウント〟というブランド力が伝わらずにもったいないですよね。おそらく市のホームページからアクセスすることを前提に制作したことが原因でしょう。

○△×市のダメなYouTubeアカウント名の例

コンテンツばかりに気を取られて、アカウント名は軽視されがちです。でも実は案外有効に活用できるのです。例えばTwitterのアカウント名。補足情報を添えている「しながわ観光協会（東京 品川のおでかけ情報）」や、宣伝したい直近のイベント（例：○△×市@○/○（日）市役所前○○公園でマルシェ開催）を併記させることもできます。

ホームページと違い、SNSは訪れる人の属性も目的もさまざま。広大な情報宇宙で少しでも伝わりやすい発信にするため、「自分たちに使いやすいものを付ければいいや」なんて投げやりにならず、小さなところにアイデアを仕込ませるのも巧い発信のコツです。

(6) 冷凍アカウントは放置しない

SNSアカウントをつくったものの、うまく使いこなすことができずそのまま放置されているアカウント、ありませんか？ 自治体でも企業でも、忙しい仕事の合間になんとか時間を絞り出して運用する状況が続けば、ついつい更新が滞ってしまう状況は避けられませんよね。とはいえ、2日、1週間、1カ月……と更新を先延ばしにして気づけば前回の投稿が2年前……なんてことも。

こうした開店休業状態のアカウントは「まったくやる気がない」と宣言しているようなもの。アカウントがあることがかえってマイナスになってしまっています。「使えない」が続いて再起不能になってしまったら、「使わない」と決めて潔くアカウントを凍結し、別媒体に一元化しましょう。

自治体の公式ウェブサイトに冷凍（非更新）アカウントへのリンクが貼りっぱなしになっている状態も同様です。クリックしてみると、もう2020年なのに2012年から8年間更新が止まっている……なんてことも。誰でも「放置」されているところへ誘導されたら、あまりいい気はしませんよね。

特に心配になるのは、自治体の防災系のアカウントが止まっているとき。厳しい言い方をすれば、危機管理能力が低い担当者が防災アカウントを担当しているのでは？ と余計な不安を与えかねません。もし明日災害が起きれば、必ずバッシングの対象となってしまうでしょう。こうした事態を防ぐために必要なのは、各種アカウントの定期点検です。おそらく日常業務に「ウェブサイトの点検・見直し」作業など、含まない自治体が大半でしょう。でも今日からは「定期点検も広報業務の１つ」だと考えなおし、広報チーム全員で注意喚起しあうことが大切です。

(7) 定期点検でさらにパワーアップ

定期点検は、アカウントを凍結するかしないかというネガティブな役目だけではなく、現役アカウントのさらなるパワーアップの意見交換にも一役買います。よりよい情報発信のために欠けている部分がないか、チームで定期的に考えるきっかけになるからです。点検する際にオススメなのは、一人ひとりが多様な利用者になりきってみること。60代の老眼の女性、40代のハードワークな男性、子育て中のママ、高校生といった具合です。

60代の老眼の女性なら、ウェブサイトを見るときのデバイス（端末）は大きな文字で表示できるタブレットで、高校生なら通学中の電車でも片手でスクロールできるスマートフォンを想定してみます。ブラウザによってもインターフェイスは変わります。ある人はGoogle Chromeだけど、ある人は

Internet Explorer、またある人はFirefoxと、いろいろな条件を変えて使ってみると、発信の見え方が一変します。自分が使いなれたブラウザからの閲覧では気が付かない不要な改行など、些細なストレスを見つけられたりします。

ちなみに2020年4月時点の日本で利用率が高いブラウザは、パソコンはGoogleChrome、モバイルはSafariです*。

5-2 どんな言葉で伝えるか、親しみやすさと公平性のシーソーバランス

昔は、市役所や区役所の窓口に出向いて自治体職員の方と接することが、多くはないにしても定期的にありました。ですが近頃は、窓口業務の方も派遣スタッフさんが多いと聞きます。デジタル化が進み、住民との接点がますます減っていくなか、インターネットやSNSを介した住民・フォロワーの方とのコミュニケーションは、自治体の印象を大きく左右します。この節では、そんな「伝わる言葉のバリエーション」について考えていきます。

* Browser Market Share Japan StatCounter Global Stats | 2020年4月8日調べ
出典(パソコン):https://gs.statcounter.com/browser-market-share/desktop/japan/#monthly-201903-202003
出典(モバイル):https://gs.statcounter.com/browser-market-share/mobile/japan/#monthly-201903-202003

（1）公式アカウントも思い切ってキャラ化

自治体の公式アカウントといっても十人十色。92頁でも紹介したように、言葉の遣い方、テンション、キャラ設定など、運営側のねらいによって、表現もさまざまです。ここからは、より効果的なコミュニケーションを誘発している全国の多様な自治体アカウントの好例をご紹介します。

▼事例73 — 時代を掘り下げる語り口

堺市 ハニワ部長 Fb
大阪府堺市

こちらは大阪府堺市のハニワ部長（2019年8月にハニワ課長からハニワ部長に昇格）による投稿です。

「私が生まれた1600年前には、ヘリコプターなどというものは想像もできず、それを間近で見れると感無量でございます（遠い目…）」など、出土された1600年前に生まれたハニワという設定があるおかげで、投稿に親しみやすさが生まれています。

堺市 ハニワ部長
ハニワであるという設定を崩さないFacebookページの投稿*

堺市市長公室広報戦略部
広報戦略推進課
2018年
10月25日 公開

* 出典：https://www.facebook.com/haniwakacho/posts/992627807614335

架空のキャラクターを設定することで書き手も楽しんで発信していることが伝わってきて、堅苦しいイメージが払拭されます。ハニワ部長のFacebookページは1週間に一度のペースで更新され、ハニワの土面（土の仮面）をかぶった部長があらゆるプロモーションの現場を奔走しています。高額な着ぐるみをつくるよりもハニワの土面をかぶるほうが費用を抑えられますし、なにより機動力が高そうですね。

(2) 攻めの言葉遣いという選択肢

ＳＮＳ上での言葉遣いは悩ましいもの。ゆるキャラアカウントでない限りは、多くの自治体は「です・ます調」を用いて、無難で問題が起こりにくい表現を採用しています。でも、堅苦しすぎても面白くないなあと思っている担当者は多いのではないでしょうか。もちろん砕けすぎても違和感がありますし、世代や属性それぞれにしっくりくる表現は異なり、オンラインとなると表情が見えない分、配慮は必須です。とはいえ、顔が見えないからこそ絵文字を使うのが人間というもの。ここではそんな多様な表現の一例として、「です・ます調」以外で書かれているなかでもユニークな例をご紹介してみます。

Tw **福岡県直方市Twitter**
福岡県直方市

▼ 事例74 ― **家族や友人に伝える口調が特徴**

福岡県直方市《のおがたし》のTwitterアカウントをご覧ください。秋祭りの様子を伝えるツイートですが、近所の友だちと話すように、かなりフランクな言葉遣いで投稿されているのが特徴的です。

砕けた伝え方ですが、友だちに語りかけるような対等な関係性というのも、案外悪い気分はしないですよね。

ちなみにこちらは直方市のTikTok。直方市はいろいろなウェブメディアで発信を試行錯誤されているのが面白く、筆者はつい応援したくなります。

とはいえ、直方市役所企画経営課ふるさと情報係の野村史子さんによると、TikTokは地元の高校生と協働して活用するつもりだったそうなのですが、いろいろな制約で頓挫している状況なのだとか。また、広報担当者3人でTikTok内のハロウィンアプリを使ったところ、職場内から批判の声もあがったといいます。とはいえこの動画を見なければ、関西在住の筆者は直方市の読み方や存在すらも知らなかったわけですし、いちフォロワーとしては直方市のさらなるチャレンジにわくわくしています。

TikTokに投稿されたハロウィンで身体をはる広報2号の方の投稿内容*2

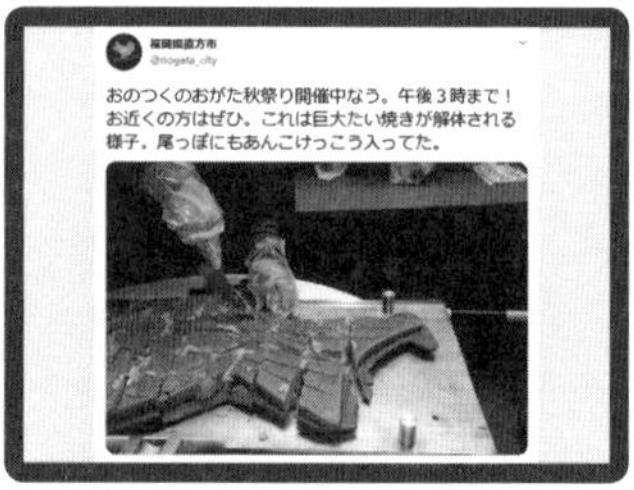

「お」のつくのおがた秋祭りの様子を伝えるツイート*1

福岡県直方市 | **直方市** | 2018年10月26日 公開（左）／2018年11月4日 公開（右）

*1 出典：https://twitter.com/nogata_city/status/1058929434428731392

*2 出典：https://t.tiktok.com/i18n/share/video/6616515715027438850/

5-3 コミュニケーションを誘発する

ウェブメディアへの投稿はさまざま役割がありますが、一般的には大きく2つに分けられます。それが「インフォメーション」と「コミュニケーション」です。例を挙げます。

インフォメーション：
「おでん市発のネオおでん祭りが開催されます。」

コミュニケーション：
「おでん市名物といえばおでんゼリーですよね？」

イベントのお知らせなどがわかりやすいのは、前者のインフォメーションです。一方で、コミュニケーションのほうの投稿には、私はこう思うがあなたはどうか、という問いかけを含ませています。こうした問いかけはSNS上での交流のきっかけとなり、「私はおでん饅頭派です」「おでんジュースを忘れるな」などといったコメントを返しやすくなるのです。すなわち、コミュニケーションを誘発するタイプの投稿だといえるでしょう。自治体の投稿の99％はインフォメーションなので、たまにコミュニケーションの投稿を潜ませてみてはどうでしょうか。コメントするユーザーが増えていくと思います。「コメントゼロが怖い」という方は事前にまわりに声をかけておく根回しを忘れずに。まったくのコメントゼロになった場合は逆に自虐ネタに使う心意気で取り組みましょう。

ちなみにSNSはそもそもコミュニケーションツールなので、自治体がコミュニケーションをとらない方針だろうと一般ユーザーはコミュニケーションをとってくることも想定しておきましょう。

(1) ハッシュタグの活用バリエーション

例えばあなたのまちの公園にとってもすてきな噴水があったとしましょう。ある天気の良い日、思わず撮った動画をYouTubeで公開したとします。その時、タグに「噴水」「公園」だけでなく、「fountain」「park」など英語のキーワードを入れてみるだけで、国境や海を越えて世界中の人の目に留まる可能性が出てきます。一生知るはずのなかった小さなまちの小さな噴水をきっかけに、世界のどこかから人が訪れてくれることを想像するだけで、とてもわくわくしませんか？

このように言葉の壁を容易に越えることができるのが動画の強みであり、海外観光客へのプロモーションには特に有効です。ここからは、住民だけでなく地域外や海外の人にまでネットワークを広げるハッシュタグの活用事例を紹介します。

ネギ太
鳥取県米子市

事例75 海外向けのハッシュタグを使って届けたい相手に情報を届ける

こちらは鳥取県米子市のTwitterアカウント「ネギ太」による投稿。「御城印」のインパクトが強く、絵文字からも興奮が伝わってきます。

ハッシュタグには英語で「Castle」と入れ、海外の人にも注目してもらえるよう工夫しています。国外の利用者が日本語の投稿を見る確率はそれほど高くはないですが、見てもらえたらラッキー。「城」や「日本刀」など、海外観光客向けのテーマは英語のハッシュタグを追加して損はありません。

ネギ太
鳥取県米子市のTwitterアカウント「ネギ太」が米子城跡『御城印』の販売を知らせる投稿*
米子市 ｜ 2018年10月23日 公開

* 出典：https://twitter.com/negita_yonago/status/1054588240034914305

素通り禁止！足利
栃木県足利市

事例76 ご唱和スタイルのハッシュタグがPRの協力者を呼び込む

栃木県足利市のTwitterアカウントを見ていると、投稿には頻繁に**#素通り禁止足利**というハッシュタグが入っています。これは2017年に足利シティプロモーションの一環で生まれた合言葉。試しに**#素通り禁止足利**を検索してみると、地元住民から観光客、足利市内の事業者さんまでたくさんの投稿が見受けられ、ユルいネットワークが築かれているようです。

足利市役所総合政策部企画政策課によると、「このハッシュタグが浸透した一番の理由は、市内の飲食店さんとの連携です。**#素通り禁止足利**で足利の魅力を発信しようと促す紙コースターを配布したことで、一気にキャンペーン参加者が増えました。若者に人気のお店に置いたことも功を奏して、特にInstagramではかなりの数が確認できます」とのこと。ちなみにこのキャッチコピーは、足利の魅力再発見と発信を目的にした市民協議会で決定したといいます。

ＳＮＳでのプロモーション戦略は、市民一人ひとりが一肌脱いで（あるいはついノリたくなる仕組みをつくって）まちを盛りあげる姿勢に支えられます。だからこそキャッチコピーも市民とともに考える。このオープンマインドの甲斐あって、多くの人を巻き込むことに成功したようです。

加えて、民間企業とのコラボレーションを柔軟に受け入れる姿勢も定着の一因になっているのだそう。「自分たちが働き暮らすまちは面

「素通り禁止！足利」のグッズ紹介。缶バッチなどを、街ゆく市民がカバンにつけると目立つ[*2]

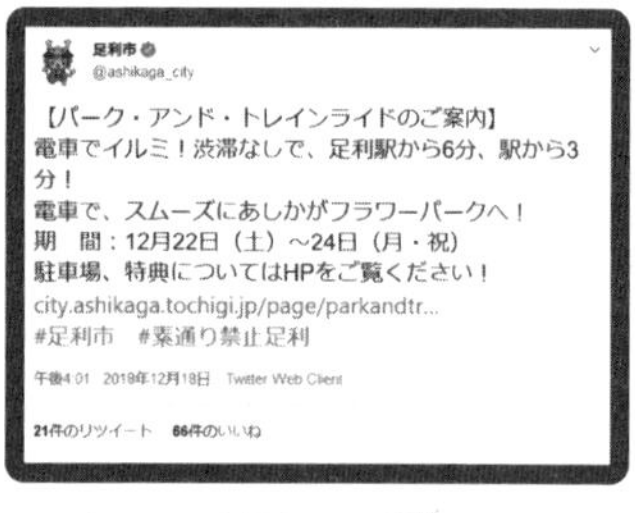

イルミネーションを紹介する投稿[*1]

素通り禁止！足利｜**足利市**｜2018年12月18日 公開（右）

[*1] 出典：https://twitter.com/ashikaga_city/status/1074922563585728512

[*2] 出典：http://sudorikinshi.jp/goods/

白いほうがいいよね」という思いをうまく顕在化させたわけです。ハッシュタグを使って発信するだけでまちが面白くなる。なんて楽チンな貢献方法でしょう。現在は市民ライター活動にも展開し、〝市民プロモーション〟の現場も自走しはじめているようです。

キリンビールとのコラボ *3

ドコモショップとのコラボ *4

▼ 事例77 ― 写真のタグ付け投稿のインプレッション率の高さは異常

しんじょう君＋アルクマ Tw
高知県須崎市＋長野県

Twitterでも Facebookページでも Instagramでも、写っている人のアカウントを投稿写真に紐付けることを「タグ付け」といいます（写真に写っている人がそのサービスのアカウントを持っている／タグ付けを許可していることが前提）。

よくハッシュタグと混同してしまう人が多いみたいですが、キーワード検索の機能を果たすハッシュタグに対して、タグ付けは〝ある投稿をほかのユーザーアカウントと紐付ける〟こと。ちなみに、各自治体のゆるキャラアカウントたちは、かなりの頻度でゆるキャラ同士タグ付けしあっています。例えばこの写真は高知県須崎市ゆるキャラ「しんじょう君」の公式Twitterが、長野県のゆるキャ

*3 出典：http://sudorikinshi.jp/news/2018/post-418
*4 出典：http://sudorikinshi.jp/news/2018/post-348

ラ「アルクマ」をタグ付けして、ゆるキャラグランプリ2019の優勝を祝福している様子です。

10万人以上フォロワーのいるしんじょう君が紹介することで、多くの人にアルクマの存在を知ってもらうきっかけとなります。また相手側には、自分が投稿にタグ付けされたという通知が送られたり、タグ付けされた人のアカウントも訪問しやすくなったりと、お互いのネットワークが数珠つなぎに広がる仕掛けといえます。

ちなみにFacebookのみ、タグ付けされた人のタイムラインにも投稿を表示させることができます。ただし勝手にタグ付けされることを不快に思う人は、アカウントの設定で拒否することができるようにもなっています。

しんじょう君

アルクマのゆるキャラグランプリ2019優勝を祝うしんじょう君のツイート*

須崎市 ｜ 2019年11月3日 公開

(2) 思いきってコミュニケーションを図る3つの方法

SNSを運用していて投稿に「いいね！」をもらえたり反応があったりすると、とてもうれしいで

* 出典：https://twitter.com/susaki_city_PR/status/1190922929996877825

すよね。またあなたが思わず「いいね！」をしたくなる投稿もたくさん目にするでしょう。ですが自治体のアカウントは業務同様、一定の〝公平性〟が求められるもの。だからといって市民のリアクションに一つひとつ反応していたら、たちまちパンクしてしまうことは目に見えています。なので自治体のSNSアカウントにはよく「ご意見やご質問には対応しかねます」との断り書きがあります。組織内にも一定のルールが設けられているのが一般的です。

しかしこれは、ともすると双方向性が強みであるSNSの特性を否定する行為。では、自治体アカウントが公平性という制約の中でフォロワーとコミュニケーションを取るには、どんな方法があるのでしょう。筆者の聞くところによると、組織内ルールでは「Facebookページのコメントには返信しない」という制約があるものの、「いいね！」ボタンを押してメッセージを読んでいることを伝える人、組織内ルールは気にせずにコメントする人もいるようですが、大半はやはり、無反応に徹するよう。一筋縄でいかない活用ですが、ここではそうした試行錯誤のなかでも上手な距離感でフォロワーと交流を図る3つの手法と実践例を紹介します。

(3) その1：投票機能で会話する

まずご紹介したいのが、TwitterとFacebookページの「投票機能」。この便利ツールを上手に活用している自治体の事例を紹介します。

▼事例78——「伝える発信」から「伝わる発信」へと舵を切る

千葉県市原市Twitter Tw

千葉県市原市

　こちらは千葉県市原市のTwitterアカウントによる投稿です。Twitterの投票機能を使って地元のオススメスポットを調査。

　誰もが答えやすい投票機能で、市民といっしょにコンテンツをつくりあげている好例ですね。千葉県市原市役所企画部シティプロモーション推進課の積田俊雄さんによると、2018年の「市原市シティプロモーション戦略」策定からは、市の目線で「伝える」発信から、双方向の関わりで「伝わる」ことを意識した情報発信を基本方針としているといいます。

　特にSNSは重要なツールだと考えているようで、先ほど紹介したツイートは「フォロワーとの双方向性を実現するために投票機能でコミュニケーションを図った」といいます。ちなみに投票結果については、会場アンケートとほぼ同じ結果になり、想定したとおりになったのだとか。

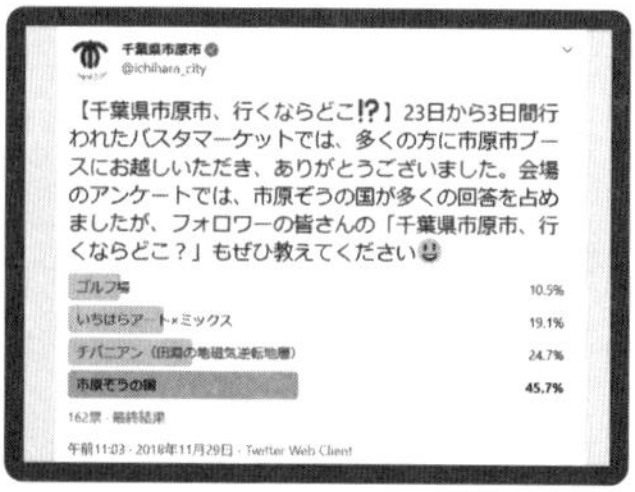

Twitterの投票機能を使った投稿。あらかじめ、ユーザーが答えやすいように選択肢を4つにしぼって投稿している*1

市原市シティプロモーション戦略PDFより抜粋*2

千葉県市原市Twitter ｜ **市原市** ｜ 2018年11月29日 公開（右）

*1 出典：https://twitter.com/ichihara_city/status/1067962177930182656

*2 出典：https://www.city.ichihara.chiba.jp/joho/koho/kouhou/senryaku.html

市原市のSNS戦略はTwitter以外も注目です。Facebookページのヘッダー画像に市内ドローン空撮映像を活用したり、LINEは1枚で情報が伝わる画像をデザインしたりと、どこまでも気が利いています。「Twitter やFacebookのスピード感あるタイムラインのなかで、アイキャッチとして目に留まりやすいよう、添付画像はなるべく1枚にすることを心がけています」と積田さん。

加えて、それぞれのSNSアカウントの特徴や利用者層の違いを意識したうえで、次のような使い分けを行っているそうで、ぜひ参考にしてみてください。

Tw	@ichihara_city	**市原市の公式Twitter**
災害情報やイベント情報など市からのお知らせをタイムリーに発信。Twitterの特性上、一度発信した情報も複数回ツイートするなど、多くの人にリーチできるように発信		
Fb	@city.ichihara.jp	**市原市の公式Facebookページ**
イベント情報や市政情報などをタイムリーかつ詳細に発信。Facebookの特性上、Twitterのように何度も投稿することは避け、動画で詳しく発信するなど、市原ファン向けに市の魅力を伝える		
LI	@ichiharacity	**市原市の公式LINE**
イベント情報や市政情報などをタイムリーに発信。イベント情報などはタイムラインに投稿し、特に強調したいお知らせはプッシュ投稿にて配信（※ただしプッシュ投稿は多く配信するとブロックにつながるため、災害時を除き月に1回から2回程度）		
In	@ichihara_mayor	**市原市の公式Instagram**
市原市長の公式アカウントとして開設。普段はなかなか見ることができない市長の公務を中心に、市の魅力を発信している		

おづみん

大阪府泉大津市

▼

事例79― ゆるキャラとおしゃべり

投票機能はゆるキャラとフォロワーの交流にもうってつけ。こちらは、大阪府泉大津市の公式アカウント「おづみん」がフォロワーに対して好きなカレーの種類を訊いている投稿です。

泉大津市総合政策部秘書広報課の窪田優さんによると、TwitterやYouTubeは若者にも情報発信ができるツールとして重宝しているといいます。Twitter運用は、おづみんファンの拡大に重点を置いているのだとか。毎日投稿したり、コメントへのこまめな返信を心がけたり、アンケートやクイズ形式の投稿を用いるのも、フォロワーとおづみんの距離を近づけるためです。着ぐるみやぬいぐるみの写真や動画を付けて投稿することも効果があるのだとか。

「ゆるキャラという皆さんが接しやすい媒体を使うことで、市政情報を身近に感じてもらいたいと思っています。SNSは個々の投稿の反応やアクセス数がわかるので、伸ばしていくために知恵を絞ることがモチベーションになります」と窪田さん。

次第に各課から、おづみんを活用して情報発信をしたいとの声があがり、依頼を受けてTwitterで発信するようになったそう。こうした取り組みの甲斐あって、情報発信に対する各課の意識変化も起

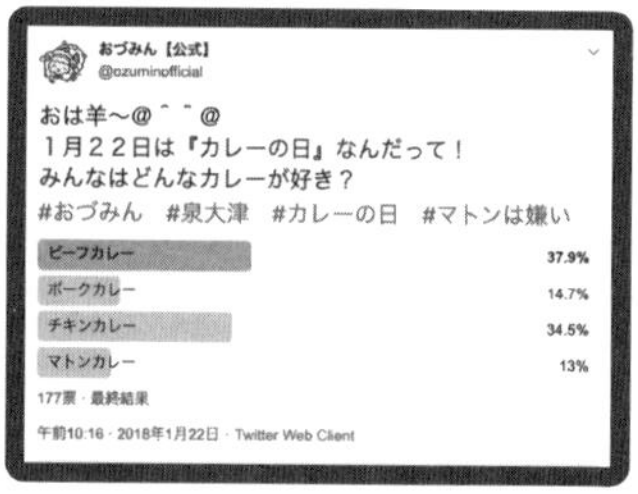
おづみん【公式】
@ozuminofficial
おは羊～@＾＾@
1月22日は『カレーの日』なんだって！
みんなはどんなカレーが好き？
#おづみん #泉大津 #カレーの日 #マトンは嫌い
ビーフカレー 37.9%
ポークカレー 14.7%
チキンカレー 34.5%
マトンカレー 13%
177票・最終結果
午前10:16・2018年1月22日・Twitter Web Client

おづみん

大阪府泉大津市の毛布工場で生まれた妖精、おづみんによる投稿。ハッシュタグと投票機能を活用して、好きなカレーの投票を呼びかけている*1

泉大津市 | 2018年1月22日 公開

*1 出典: https://twitter.com/ozuminofficial/status/955247841345077248

こっているようです。泉大津市も市原市同様、媒体ごとの使い分けが明確です。市政情報をメインで発信するのはＬＩＮＥ、Facebookページ、おづみんファンに向けた発信はTwitter。そして面白いのはInstagramの使い方。**#バッチグー泉大津**のハッシュタグがついた市民の投稿をシェアすることで、ユーザーとともに泉大津市の魅力を発信するページとして機能しています。

▼ 事例80 ― 投票機能をクイズとして使う

伊予市役所危機管理課 Tw
愛媛県伊予市

愛媛県伊予市の公式Twitterでは、交通安全啓発を少しでも身近な投稿にするため、クイズ形式の投稿に投票機能を活用しています。ワンクリックで回答できますし、あらかじめ選択肢が用意されていると答えやすいですよね。

また、道路交通法という小難しい内容をクイズにすることで、フォロワーは自然と理解することができます。

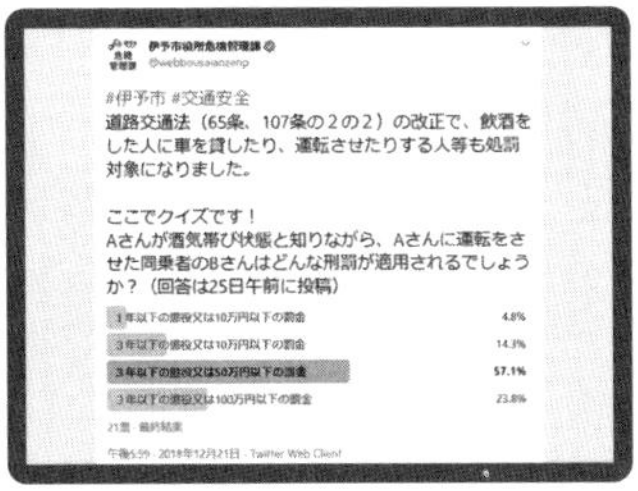

伊予市役所危機管理課
酒気帯び運転をした際に起こりそうな出来事をクイズにした投稿[2]
伊予市｜2018年12月21日 公開

(4) その2：ハッシュタグで自治体間交流

県・市という自治体の枠組みを越えて、あるいは東北・東海・近畿・九州というエリアも越え

[2] 出典：https://twitter.com/webbousaianzenp/status/1076039410586669056

て、お互いのまちを盛りあげあう。いつもはつながらない地域間の交流も、SNSなら可能です。
行政のSNSではちょっと歴史的ともいえる事例をご紹介します。

神戸市広報課 Tw
兵庫県神戸市

▼
事例81

自治体アカウント同士の連携で盛りあげる

こちらは神戸市広報課の公式Twitterアカウントによる**#お国自慢しりとり**の様子。2018年12月に神戸市、静岡県、宮崎市の間で開始され、その後秋田県（あきたびじょん）が加わっています。相互のフォロワーにそれぞれの地域の魅力を知ってもらえるという点で、SNSを活用した画期的な自治体広報の例です。

当時神戸市広報課の公式Twitterアカウント担当だった中務雅史さんに話を聞くと、「行政アカウントは一方的に情報を配信することがほとんどです。**#お国自慢しりとり**は自治体間での広

鶏の炭火焼き→金目鯛→いかなごの…と展開したしりとり。それぞれの地域の名産品の写真が添えられ、食欲がそそられる*

神戸市広報課 | **神戸市** | 2019年2月22日 公開

* 出典：https://twitter.com/kobekoho/status/1098818194490351617

報連携の面白さや、公的機関におけるTwitter運用の可能性を感じました」と話してくれました。ではいったいどんな経緯でこのプロジェクトが誕生したのでしょうか。

「2018年の夏ごろ、静岡県庁わかものがかり（@wakamono_gakari）さんのツイート内容に私がコメントをしたところ、静岡県の担当者からTwitter上で交流したいというDMをもらいました。しばらく交流していているうちに、SNS上で一緒になにかしたいですねという話になり〝しりとり〟を提案しました。ただ、2自治体でしりとりをしてもつまらないので、多少やりとりがあった宮崎市さんを誘って開始したのです。さらに静岡県さんが秋田県さんを誘って、4自治体のしりとりが実現しました。舞台裏では4自治体間でDMのやりとりをしていました」。

水面下の打合せも綿密に行われていたとのこと。どの地域にとってもWin-Winの広報が実現しているうえ、フォロワーに参加してもらえる余地をつくったところがミソだったようです。期間限定開催だったため現在は終了していますが、またいつか再開してほしいものです。

【#お国自慢しりとりのルール】

- ツイートの際は「#お国自慢しりとり」のハッシュタグを使う
- 題材はその自治体の自慢できるもの、地名、マイナーだけど知らせたいものなど
- 単語、文章も可、もしくは写真での回答も可
- 持ち時間は無制限（毎日ツイートするのは困難であるため）
- トラブル発生時は休止（災害対応、不祥事など）
- 2018年12月スタート、2019年2月末に終了
- 各自治体判断で、公式Twitterの代理として他のアカウント（企業・個人）のツイートをリツイートするなどして回答してもらうのはOK
- 可能な範囲で、しりとり参加自治体のツイートはリツイートする（Win-Winの広報）

(5) その3：街頭インタビューで市民を巻き込む

動画も地域を巻き込む情報発信としては有効な手段の1つです。カメラで撮影した動画を映像編集ソフトで切り貼りするプロセスは、ここ数年でぐっと身近なものになりました。ここで紹介する事例は、機材を揃えたり技術を習得したりする必要もあるので、少しハードルが高いと思われるかもしれませんが、興味がわいたらぜひ挑戦してみてください。

hirakatacity
大阪府枚方市

▼

事例82 ― 住民に突撃街頭インタビュー

〝まちで市民に声をかけて巻き込む〟という大胆なアプローチを実践しているのが、大阪府枚方市のYouTubeシリーズ動画です。2018年度に枚方市の企画課とひらかた魅力推進課が中心となって全庁的に取り組んでおり、職員が企画・撮影・編集を行っています。オススメはこちらの「枚方市長はどれ？ ― 道行く若者に枚方市職員が突撃インタビュー！」という動画。枚方市に住む若い人に4人の顔写真を見せて、誰が市長なのか当ててもらうというもの。

hirakatacity
「ええとこです！職員が考える枚方の魅力」のシリーズの1つ*
枚方市 ｜ 2019年2月18日 公開

* 出典：https://youtu.be/p_Jz_UPqCgw

この取り組みは読売新聞や朝日放送の情報番組「キャスト」で取りあげられ、「大阪府民や市民から多く問い合わせがあった」と、枚方市市長公室広報プロモーション課の横田広大さんは話します。21あるすべての部署で動画をつくるという初めての試みを経て、意外に反響が大きかったのは市役所内の反応だとか。「ほかの部署への関心度が高まった」「自分の部署の業務について考え直すきっかけになった」などの声があったそう。個別の部署単位で実施した取り組みが、結果的にほかの部署にとっての刺激にもなるようです。今後動画を活用していこうと考えている部署も出てきているそうで、良い流れが生まれているようです。

大きな反響に反して「ビデオカメラでの撮影や映像編集ソフトを使っての動画編集など、職員たちだけのゼロからの動画づくりは結構負担が大きいのも事実です。慣れるまではやはり時間が掛かってしまいましたね」と話してくれた横田さん。とはいえ、慣れてしまえば強い武器になることは枚方市が証明済み。技術をいち早く習得して、自治体の強みにしたいですね。

5-4 公式アカウントの更新頻度やタイミング

SNS講座に呼ばれて必ず出るのが「更新はどれぐらいの頻度でするべきか」という質問で

す。ここでは、筆者が全国あらゆる自治体の公式アカウントをフォローしながら気づいたポイントをお話ししていきます。

(1) 更新は1日1回以上。毎日顔を見かけてもらって親しくなろう

一般的に人口の多い自治体は更新頻度が高く、1日に何度も投稿します。これは筆者の個人的な感覚ですが、投稿は毎日の挨拶のようなもので、数日に1回の更新よりも、1日1回以上は更新する自治体のほうが、身近に感じます。毎日顔を見て一言挨拶を交わす路地のコミュニティといったところでしょうか。もちろん、自分たちがしっくりくる更新頻度が大切で、絶対に毎日投稿しないといけないわけではありません。その頻度を探る手始めとして、自分の住む都道府県の、すべての自治体のアカウントをフォローしてみて、しっくりくる頻度を探ってみましょう。良い印象を受ける投稿を、自分のまちに置き換えてみるのもオススメです。そこにしっくりくるアカウントがなかったら、例えばあなたのまちが城下町なら、ほかの城下町をすべてチェックしてみましょう。城にまつわるイベントや歴史に関するお知らせの出し方など、ヒントはたくさん見つかるはずです。

(2)「1人ができること」ではなく「チームでできること」

また一方で、冒頭の「更新はどれぐらいの頻度ですするべきか」という質問について、よくよくその真意を聞き出していくと、「最低限の更新に留めたい」→「あまり手間暇かけたくない」→「どうすれば楽できるか」という動機も多いのが事実です。これに対してよくお伝えするのは、

・チームの仕事のボリュームを見直すこと
・理解度の低いメンバーに向けた勉強会をすること
・そもそものチームワークを高めること
・チームのミッションを見直すこと

です。普通の企業ではごく一般的なことかと思われますが、案外共有されていないことも多く、この4点を一度整理してみてください。

まず、部署内にウェブ発信に比較的詳しい職員が1人いたとしても、その人だけに仕事が集中してしまう状況はやはり不適切です。チームでできること、できないことを見極めて、ほどよいミッションを掲げましょう。仕事のボリュームを見直す／勉強会をする／チームワークを高める、という3つ

については、小学校の音楽の時間などピアノが上手な子が先生から伴奏を頼まれるようなものです。適材適所で動けば、歌う人も弾く人もよりのびのびと力を発揮できます。頻度についても、同じように考えられます。あまりに難しい曲だと、伴奏者は楽しむどころか手が止まってしまい、歌い手も歌えなくなってしまいますよね。また、最後のミッションについては冒頭の質問にまつわる心がけの話になりますが、そもそも「発信する」ことに取り組む前から〝手を抜くこと〟を考えてしまうと、できることは圧倒的に限られてしまいます。省力化の方法はトライアンドエラーを繰り返すうちに自然と見えてくるもの。一度チーム全体でどこを目指したいのか、どこまでなら実現可能なのか、じっくりと話しあってみてください。

(3) リアルタイムで知りたい情報の拡散効果を狙う

次に更新のタイミングです。112頁の記念日ハッシュタグの使い方では、成人式やハロウィンなど事前に予測できる盛りあがりに向かって情報を発信するということをお伝えしましたが、ここでお伝えするのはさらに精度を上げ、リアルタイムな発信を狙う方法です。スタジオジブリの映画が好きな方ならば伝わるはず、テレビで映画「天空の城ラピュタ」が放映される日は決まって、Twitterのタイムラインがいにしえの呪文「バルス！」で溢れかえりますよね。要はあの現象と同じです。では詳しく見ていきましょう。

姫路市文化センター Tw
兵庫県姫路市

▼事例83 — イベントゲストのテレビ出演にあわせて話題を拡散

こちらは姫路市文化センターのTwitterアカウントです。毎年10月に赤穂市と姫路市で行われる「ル・ポン国際音楽祭 赤穂・姫路」の音楽監督であるバイオリニスト・樫本大進さんが、NHKのテレビ番組「クラシック音楽館」に出演されたタイミングでイベントを告知しています。音楽好きが集まるNHKのクラシック番組のハッシュタグトレンドの**#N響**の波にうまく乗り、樫本さんファンに音楽祭の情報が届くような一工夫です。

例えば企業の公式アカウントの方たちは、こうした便乗作戦を当たり前に駆使して自社の商品を宣伝しています。また姫路市文化センターのTwitter担当の方いわく、効果は絶大なので〝業務外〟の時間帯でもあえて更新しているということでしたが、業務外の投稿が仕事の規定違反になる自治体も多いでしょう。であれば、先述したとおり、TwitterやFacebookページの予約投稿サービスやTweetDeck（137頁）

姫路市文化センター
姫路市で公演予定のバイオリニスト樫本大進さんがNHKに出演されるタイミングで発信されたツイート*
姫路市｜2018年4月15日 公開

* 出典：https://twitter.com/himejibunka/status/985510634786668545

を使う裏技もあります。

宇佐市LINE LI
大分県宇佐市
▼

事例84— 事件直後にみんなの心配事を解消する

こちらは大分県宇佐市のＬＩＮＥです。２０１８年12月、北海道で起きたスプレー缶爆発火災を受けての投稿です。この事故がニュースで報道された直後、すぐさまスプレー缶の取り扱い方法を伝える情報を発信していました。みんなが知りたい情報をすぐに発信する迅速な対応はお見事です。

宇佐市役所総務部秘書広報課広報広聴係の金光伸也さんによると「宇佐市ではFacebookページやTwitter、InstagramなどさまざまなＳＮＳを、その特性にあわせて活用していますが、なかでもＬＩＮＥは利用率が高いサービスです。災害情報や注意喚起は、市民の皆さんにタイムリーにお知らせできるメッセージ機能が便利です。とはいえ宇佐市としては、市の公式ウェブサイトの閲覧数を増やすことが一番の目的であるため、イベント情報などは必ず公式ウェブサイトに誘導するようにしています」とのこと。秀逸なメディア連携がなされているようです。

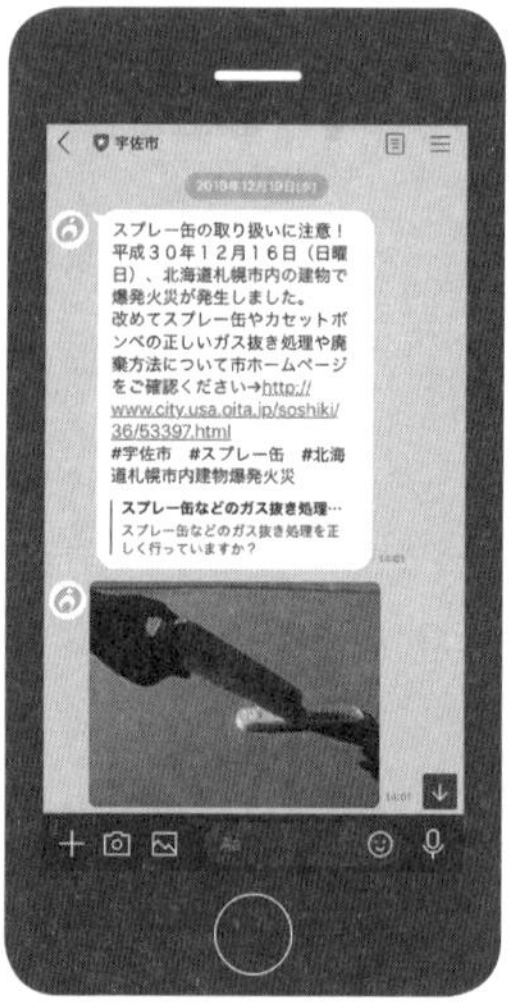

宇佐市LINE
北海道での爆発火災事件の発生から3日後にLINEに投稿された*
宇佐市 | 2018年12月19日 公開

* 出典：https://page.line.me/usacity_pr

5-5 ウェブ発信は心を折らずに地道に続ける

さてここまで長らく、投稿する際の〝お作法〟のような解説をしてきましたが、ここからは情報発信に対する気持ちや心構えについて解説します。アカウント開設当初や運営を始めてしばらく経ち、ふと立ち止まってみると、「この投稿は見てもらえているのだろうか？」となんだかとても孤独な気持ちになる瞬間が、一度は訪れるはず。でも大丈夫。こつこつ正しい態度で続けていくと、自然と読者は集まってきます。

(1) 「私たち」と「私」の違いを知ってから始める

読者のなかには、突然広報に配属されてSNSの担当になり、初めてSNSを触れたなんていう方もいるでしょう。その場合、すぐに自治体アカウントを触りはじめるのは避けたほうがいいでしょう。「私たち」ではなく「私」として数カ月でも数週間でも、まずは個人アカウントで、そのサービスを利用してみてください。SNSはサービスが変わればユーザーの年代割合や趣味嗜好もまったく別ものと考えたほうがいいです。そして、そのサービス独特のふるまいがあります。

また常に意識しておきたいのは、どのサービスも〝1対1〟の交流を基本としていること。組織やブランドなど、匿名として認識されるアカウントだと、利用者が交流しあうSNSとしての肌感覚がなかなか得られません。筆者にしてみれば、初めて使うSNSに「私たち」という主語で挑むのは、ダイビング講習を受けたことのない人がいきなり深海に潜るくらいのリスクがあるように感じます。

そうはいっても、やはり個人で使うのは恥ずかしいし抵抗がある……という人も多いでしょう。でも安心してください、防衛策はあります。例えばTwitterなら、鍵をつければ自分がフォローしている人にしか投稿は見えず、知り合いにはわからないように発信できますし、Facebookであれば公開範囲を「自分のみ」にして発信すれば誰にも知られることはありません（これはそもそも交流さえ生まれない状態ではありますが）。InstagramやYouTubeでも同様の設定があります。もちろん、鍵をかけて使ってみて、慣れてきたら鍵を外す、というステップを踏むことも可能です。

こうした経験は、後述する炎上リスクを減らす(205頁)ための近道でもあります。自治体アカウントが炎上してしまう多くの場合は、運営者の経験不足に起因することが多いようです。

◇自治体アカウントと「中の人」の関係性

では、自治体アカウントと住民は、どういう距離感をつくっていくべきでしょうか。本書で取りあげる自治体のアカウントでいうと、濃淡のグラデーションはありますが、だいたい以下の2つに分けられると思います。

・中の人の気配を消した投稿
・中の人のキャラクターや個性が見える投稿

1つは、中の人の気配を消したアカウント。そしてもう1つは、中の人のキャラクターや個性が見えるアカウントです。もちろん、どちらが正解というわけでもありません。ですが、だいたいは後者のほうがフォロワーとのコミュニケーションがうまく成立している印象です。最近はニュース番組などでも、大きな地震を伝える第一報や、津波を警戒するアナウンスも少しずつ感情が伴う伝え方に変わっています。東日本大震災以前のNHKは冷静にきちっと伝えることが普通でしたが、以降は危機感を共有する、怖いと感じてもらうために「今すぐ逃げること」「一刻も早く逃げて」などの口調で呼びかけるようにされています。アナウンスだけでなく、画面に「すぐ にげて！」などと赤く表示されます。

執拗に煽るのは無益ですが、必要な場面では情報だけでなく適切な感情を添える。こうした世相の変化も伝えたいことを伝えるための自然な流れなのではないでしょうか。

(2) 顔の見えない公共施設にこそSNS人格を

例えば熊本県のゆるキャラ「くまモン」のアカウントは、熊本県民はもちろん首都圏で働く出身者にとって大切な地元との接点です。思い出深い地元の祭から最近オープンした新しい施設、知られざる穴場スポットまで、愛する地元の近況を知れる貴重な情報源になっています。ゆるキャラに限らずとも、普段見過ごされていた地元の魅力に改めて気づいてもらうという点で、SNSは大きな役割を果たしています。ここからは、見過ごされがちな地域の魅力のなかでも、とくに「公共施設」がどのように住民との関係性を深め、SNS上で活性しているのかをご紹介します。

▼事例85― 地域の愛着を育てる公共ホールのユーモア

姫路市文化センター Tw
兵庫県姫路市

姫路市文化センターのツイートをご覧ください。まるで駐車場を警備しているかのようなかわいいネコの投稿。いいね!8万8000件、リツイート5万8000件を叩き出し話題となりました。姫路市文化センター職員の中田信さんに日々のTwitter運用について伺ったところ、とにかく「フォロワーの支持を獲得する」「ホールの存在をアピールする」ことを目標としているのだとか。

「知名度・ブランド力がないのでなによりもまず〝姫路にはこんなホールがあるよ〟ということを

ひたすらアピールしています」という中田さん。事業スタッフ7人のうち2人が広報担当であるものの、メイン業務との兼任かつSNSは中田さんのみで運用中。大変な面もありながら上司への決裁も求められることなく、自由に活用できている様子。公共ホールや博物館・美術館のアカウントなどを参考に、独自の工夫を重ねているといいます。また、冒頭の投稿のようなユーモアを含ませるお手本としているのが、「ただ宣伝するのではなく、その日のトレンドワードを巧みに使い、読み手の心を掴んでいる」というタニタやシャープやキングジムなど、SNS活用で有名な企業アカウントです。

「ホール自体に愛着をもっていただくことができれば、より地域に根差した、姫路ならではの事業を提供できるのではないかと考えています」。公共施設のSNS活用として大きなヒントになりそうです。

姫路市文化センター
無断で駐車場を利用する方への警告ツイート。その犯人とは？*
姫路市 ｜ 2017年11月3日 公開

Tw **大阪市立芸術創造館**
大阪府大阪市

▼事例86— 対面のコミュニケーションあってこそのSNS

もう1つ、姫路市文化センターのTwitterと対照的なチーム運用の例をご紹介します。大阪市立芸術創造館（以下、芸創館）は、演劇と音楽の練習スタジオです。館長である重田龍佑さんは、指定管理

* 出典：https://twitter.com/himejibunka/status/926326088812322816

者業務の一環で、２００９年10月からTwitterの使用を開始し、現在スタッフ全員で運用しているといいます。重田さんに、チームで１つのアカウントを動かす際に注意すべきことを伺いました。

実は、公式アカウントの開設前からスタッフの皆さんはそれぞれにTwitterの個人アカウントを開設、ウェブサイトやスタッフブログよりも気軽なツールとしてイベント告知などに活用していたのだとか。「うちのスタッフは、施設の人間という以前に、役者やミュージシャンなどなにかやりたいことがある人の集まりなんです」。スタッフの皆さんや重田さんは今も、日常的に個人アカウントで芸創館のイベントを拡散しているそう。個人と仕事の線引きはもちろん必要ではあるものの、公私の両方で得たつながりや経験が、結果としてどちらにも役に立つといいます。「僕の場合も芸創館仲間、劇団仲間、古本屋仲間といろいろなつながりの中で暮らしていますし、それらを横断的につなげられた時が面白い」。

芸創館のアカウント運用はスタッフ個々人への信頼とモチベーションで成り立っているようです。だからこそ、芸創館では新人スタッフは施設に慣れるまでは広報に関わりません。「利用者からのあらゆる問い合わせや指摘に、口頭できちんと答えられるようになれば、自然とＳＮＳもうまく使いこなせるはず。分厚いマニュアルをつくるより、対面でのコミュニケーションが一番の教科書です」。新人は、施設のビジョンや人との接し方を掴んでもらうことが最優先。シンプルですが一番の近道かもしれません。

(3) 担当者のプライベートアカウント防衛策

広報に配属された担当者の前に立ちはだかるのが〝プライベートの侵略〟という壁。上司や同僚とFacebookやTwitter上でつながりたくない、という考えをもっている人も少なくないようです。さきほどの公私分け隔てなく発信するという例でもお伝えしたとおり、公私混同が気にならないなら、このやり方のほうが輪は広がりやすいわけです。とはいえもちろん、仕事とプライベートをきっちり分けたい人もいますし、素性を明かさずに大成功しているアカウントはたくさんあります。

ここで注意したいのは、匿名アカウントの是非です。例えば、いまや自治体や地域おこし協力隊など多くの地域組織がFacebookページアカウントを活用していますが、そもそもFacebookには個人アカウントとFacebookページ用アカウントがあり、後者の立ち上げには必ず個人アカウントの管理者を指定しないといけません。ところが、管理者名が明らかに架空の個人アカウント（例えば「煮込県おでん市」を「おでん太郎」なる架空の管理者が作成している）という自治体もちらほらあるようです。気持ちはわかりますが、それはFacebookが禁止している行為です。ヘルプセンターに明記されている利用規約には「Facebookは、利用者同士が実名を使って交流するコミュニティです。複数の個人アカウントを持つことはFacebookコミュニティ規定に反します」とあります（TwitterやInstagramなどは複数のアカウント作成が可能）。過去に某自治体のFacebookページ担当者があやまってアカウントを消してしまった、というニュースがありましたが、真相は禁止行為をユーザーがFacebookに報告したからだと思います。アカウントの悪用や犯罪を防ぐための規約ですので、自治体が違反するのは本末転倒ですよね。みなさんが気にされていることを事前にお知らせしておきますと、Facebookでつながっている上司や同僚に対して投稿内容や交友関係を見せない設定方法があります。なかなか進まないとある自治体の引継ぎが、プライバシーを守る設定方法を教えてから、スムーズにプロジェクトが進むようになりました。

(4) 後任者への引き継ぎを想定しておこう

自治体のウェブ発信を日々チェックしていると、ある日を境に、明らかに熱量がなくなったり、逆に急上昇したりということがあります。そうです、担当者の異動です。自治体職員の異動は数日前にいい渡されるため、引き継ぎといっても、なかなかモチベーションやマインドまで共有できないことが多いようです。こうした「引き継ぎ問題」を少しでも緩和するために、〝明日現場を退くことになっても〟しっかり引き継げるように、日々の気づきを共有する定型のシートをつくって蓄積していくことをオススメしています。それが結果的に引き継ぎのマニュアルになりますし、異動でなくともあなたが急な休みをとるときなども、ほかの職員へ簡単に引き継げる便利アイテムになります。左のように、特に定型のものはありませんが、うまくいったこと、失敗だったと感じていること、どういう根回しが必要だったか、などを日報感覚で書き留めておくと、その後に活かすことができます。
また新任者には、地道に築きあげたフォロワーとの関係性を尊重してほしいことを伝えましょう。と同時に、ただ前任者を真似ればいいわけではないとも話しておくべきです。神戸市役所の中務雅史さんいわく、引き継ぎは後任者の個性を活かして運用してもらうのが一番とのこと。「こうでないといけない、という固定された型にはまってしまったら面白くないので自由に運用してもらいたいと思います」。もちろん、担当者本人が主体的に関わりたいと思える状況、つまり肩の力が抜けた自分なりの発信が見つかるまでは、惜しみなくサポートしましょう。

ex.

2/1
キリンの赤ちゃん誕生のニュース。動物園にタグ付けでツイートしたところ、動物園側がリツイートしてくれたことで反響が大きかった！

3/1
学校給食リニューアルの件、テレビの取材を受けたそう。夕方のニュースチェック後、帰宅時間を狙って引用リツイート。Facebookページは後日投稿。

4/1
新卒入庁の写真、現場にいた課長に撮っておいてもらえばよかった。反省。

(5) 継続のモチベーションを高めるアクセス解析

一方通行になりがちなウェブ発信ですが、最近ではユーザーからのアクセス数や反応を知れる無料の解析サービスが充実してきました。反応の数値化は、発信のモチベーションに大きくつながります。使い慣れないうちは小難しく思えるかもしれませんが、少しずつやり方を覚えていくと欠かせない楽しいツールに。自分の発信に効果があったのかをいち早く知る方法を紹介していきます。

◇Googleアナリティクスは読者のニーズを探るツール

「Googleアナリティクス」は、ウェブサイトに搭載できる無料のアクセス解析アプリケーションです。コンビニのＰＯＳシステムのようなもので、来店者の属性と購入した商品の膨大な情報をアーカイブでき、個々の店舗はそのデータをもとに仕入れの数量を調整します。また全国のコンビニで集積された「少し気温があがるとこの商品が売れやすい」などの情報を手に入れては、商品開発などにも活用しています。

ウェブサイトも、訪問者の傾向や記事の読まれ方を分析することで、そのニーズをより正確に把握することができるのです。例えばこちらは筆者のウェブサイトに搭載したGoogleアナリティクスがお知らせしてきた情報です。

このページを見る人が急に増えたこと知らせる通知です。ここから、なぜこの記事が見られているのか、どういう経路で訪れたのかも調べることができます。その結果、仮にリアルタイムで放送された報道番組で取りあげられたことがわかれば、それに合わせたハッシュタグを付けて、TwitterやFacebook

ページで紹介すると、さらに波及させることができます。「いま世の中で起きているみんなが知りたいこと」を結びつけるアンテナの張り方をサポートしてくれる便利なツールなのです。上場企業も多く利用しており、ウェブサービスランキングTOP100の1位はGoogleアナリティクスで、シェアも8割超えといわれています*2。

しかし一方で、自治体で使われている例はまだ少ないよう。筆者がざっと自治体ウェブサイトのソースを確認したところ、青森県、福島県会津若松市、埼玉県羽生市、志木市、静岡県富士宮市、岡山県岡山市、愛媛県宇和島市、宮崎県宮崎市、延岡市、小林市などは利用しているようですが、大半は未利用な様子。

つくりっぱなしのウェブサイトは、せっかく拾い出せるようになった住民や来訪者のニーズ自体を捨てているようなもの。ウェブサイトを解析するという発想自体を持ち合わせていない担当者が多いのはとてももったいないです！

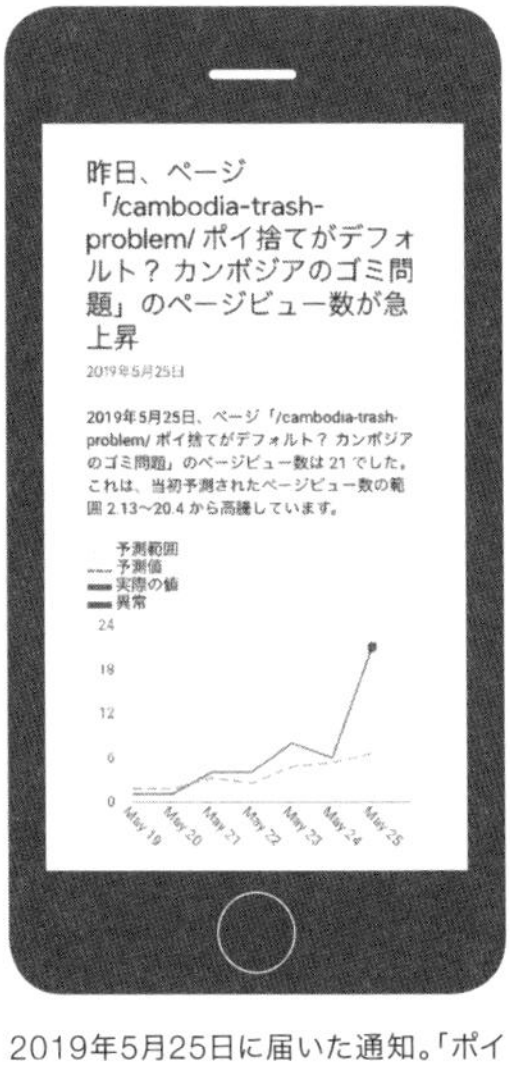

2019年5月25日に届いた通知。「ポイ捨てがデフォルト？ カンボジアのゴミ問題」のページビュー数21が、予測値2.13～20.4から急上昇していることを知らせてくれています*1

*1 出典：https://trash-problem.kanotetsuya.com/cambodia-trash-problem/

*2 出典：「83%の企業がGoogleアナリティクスを利用！ 上場企業が利用しているWebサービスTOP100を公開」Web担当者Forum｜2017年9月1日　https://webtan.impress.co.jp/n/2017/09/01/26737

・Googleアナリティクスで最低限、これだけは確認したい

ここからは最低限知っておきたいGoogleアナリティクスの使い方を紹介します。設定方法はサイトのヘルプページから見てもらうことにして、まずは「行動」①→「概要」②を見てみましょう。

下にスクロールし、「ページタイトル」③を押すと、最近のページランキングが表示されます。

「概要」の下にある「行動フロー」④を見れば、ユーザーが必ずしも自治体のトップページからサイトを閲覧していないこともわかります。

細かい設定は慣れれば少しずつわかってきますが、なにより大事なのは、自分たちが発信した情報がちゃんと読まれているのか把握すること。読まれていないページをTwitterやFacebookページで追加拡散する、文面を少し変えてみる、などトライアンドエラーを繰り返して効果追跡を行ってください。

← → C　Google アナリティクスは読者のニーズを探るツール

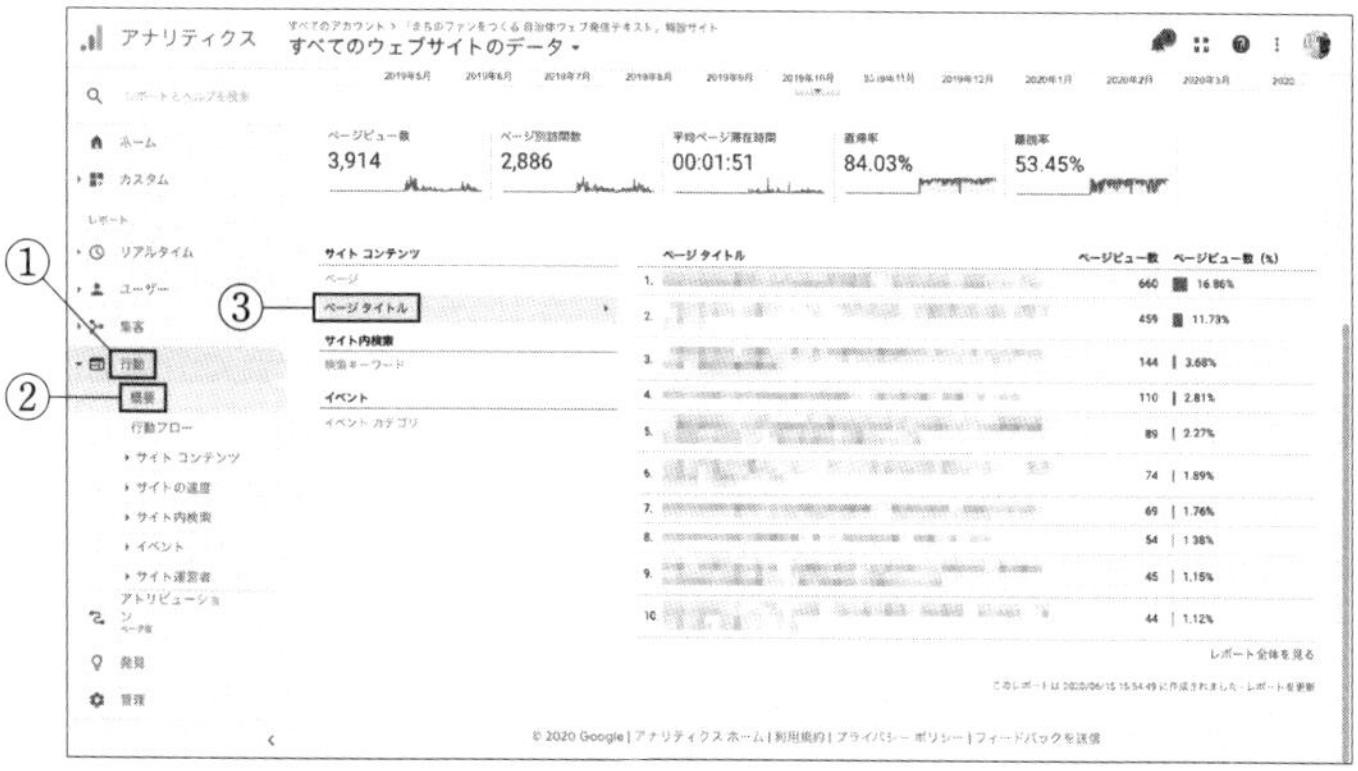

筆者のサイト「まちのファンをつくる 自治体ウェブ発信テキスト」特設サイトの2019/04/01-2020/04/01のアクセス事例。LINEについて関心があるユーザーが見に来ており、トップページよりも読まれていることがわかる

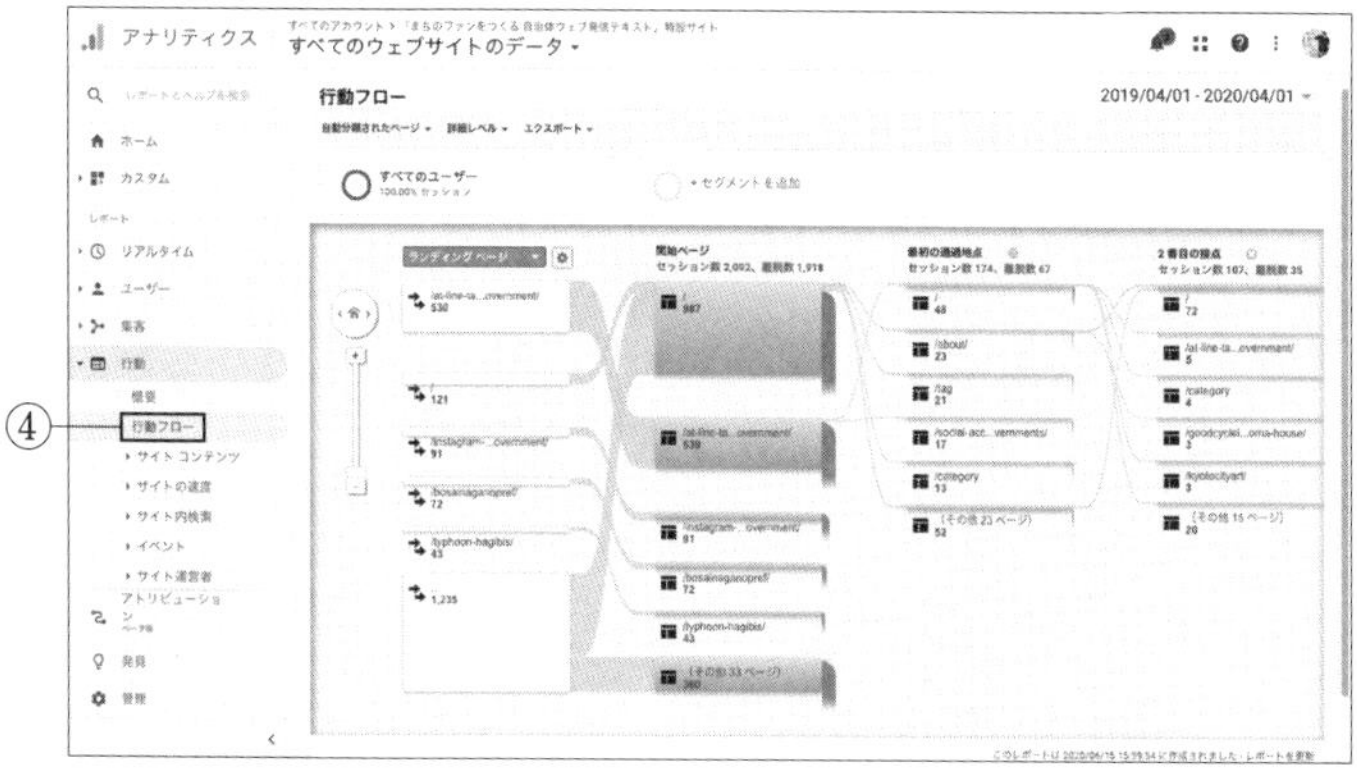

筆者のサイト「まちのファンをつくる 自治体ウェブ発信テキスト」特設サイトの2019/04/01-2020/04/01の行動フロー事例。カーソルをあわせるとその後どのページに訪れたのか、離脱したのかなどがわかる

・Google Search Consoleで検索ワードを知る

さらに、Google Search Console（Google検索結果でのサイトの注目度を高めることができる無料のウェブツール）と連動させておけば、検索キーワードやランディングページ（ユーザーが最初に訪れたページ）も分析しやすくなります。

前述のアクセス解析でもわかるように、LINEの自治体活用事例の記事がクリックされている回数ではもっとも多いことがわかりますが、2番目の「県庁アナウンサー」のキーワードの方が表示回数は多いことにも気づきます。ほかにも例えばテレビなどで取りあげられた日などはその日だけアクセス数が多いということもわかったりします。

ちなみにGoogle Search Consoleはもともとウェブマスターツールという名称でした（こちらの名称のほうが日本人にはわかりやすい気がします）。自治体のサービスを住民にわかりやすく伝えられているかどうか判断するには便利なアイテムだといえます。

筆者のサイト「まちのファンをつくる 自治体ウェブ発信テキスト」特設サイトの2019/04/01-2020/04/01の検索パフォーマンス。なにを検索してサイトに訪れたのかがわかる

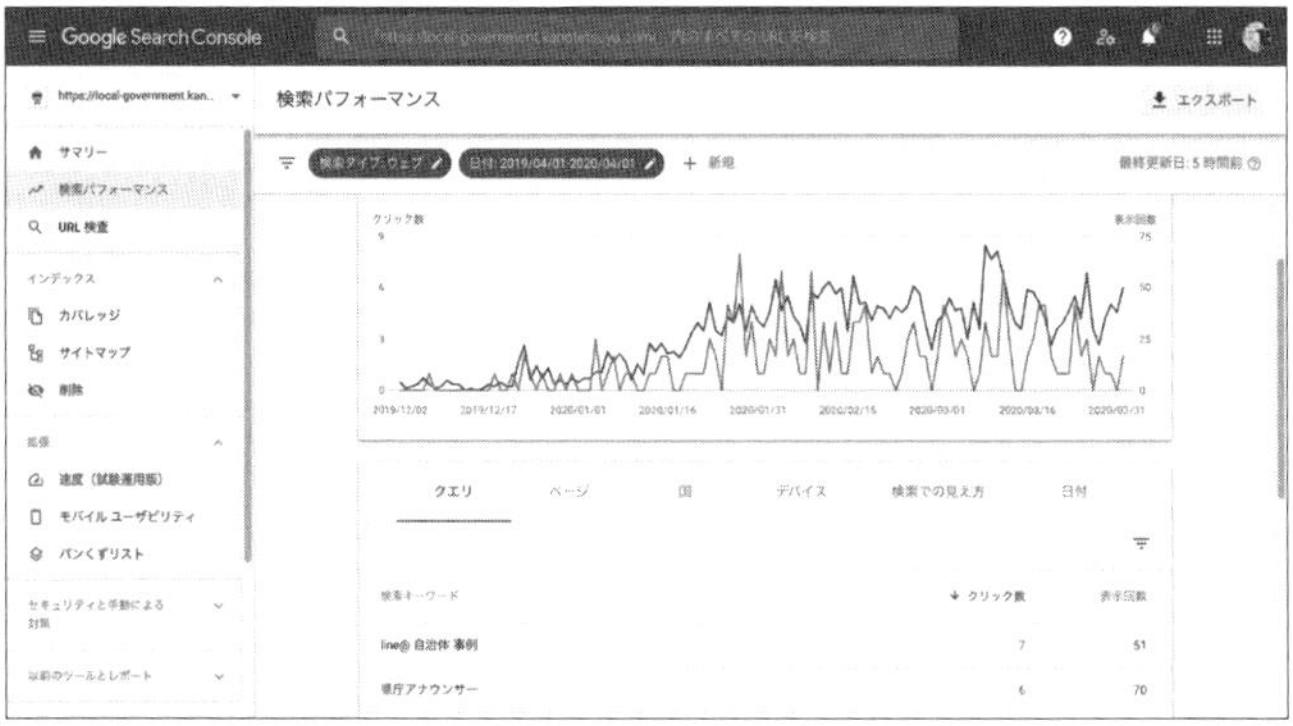

筆者のサイト「まちのファンをつくる 自治体ウェブ発信テキスト」特設サイトの2019/04/01〜2020/04/01の検索事例。Googleで検索された回数が表示回数、それを見てクリックした数がクリック数。たくさんの人に見られていても、クリックされないと意味がない

・Googleアナリティクス以外の解析手段

アクセス解析はユーザーのニーズを掘り起こす装置だということはわかったけど、ウチはGoogleアナリティクスを搭載していないし、これからも導入するつもりはない（あるいはできない）、という自治体には「関連キーワード取得ツール（仮名・β版）」をオススメします。

検索キーワードの取得は、文化施設のファンづくりなどにも活用できます。実際これは２０１８年にいずみホール主催のアートマネジメント講座「ファンづくりのイロハ」で講師として各地の文化施設運営に携わる担当者の前でお話した内容ですが、大阪市中央区、大阪城公園の北にある「いずみホール」という公共施設を例に考えてみましょう。まず関連キーワード取得ツールで「いずみホール」を検索すると「アクセス」「木津」「紋別」「国分寺」「泉ホール」「和泉ホール」などで検索している方が多いことがわかります。これは日本全国に同じ発音の「いずみホール」が存在することを物語っています。大阪在住の筆者も最初は「大阪府の和泉市《いずみし》にあるのかな?」と思いました。どうやら立地にまつわる情報が不足していて、初めて訪れる人の負担になっているようです。また、検索結果から「レストラン」や「居酒屋」など、いずみホールの近隣で食事して帰りたい人が多いことにも気づきます。この気づきを活かし、例えばSNSアカウントを開設したら周辺の飲食店情報を発信したり、ウェブサイト名に地名を補足したりと、利便性を高める具体策につながります。

ここでは簡易な関連キーワード取得ツールを使いましたが、Googleアナリティクスでは、年齢層や性別、アクセスのある地域など、もっと細かい情報がわかります。初めて訪れる方に楽しんでもらうことは、文化施設運営でなにより大切なミッション。施設の中だけでなく、施設に訪れるまでの体験も良いものにしていけるといいですね。

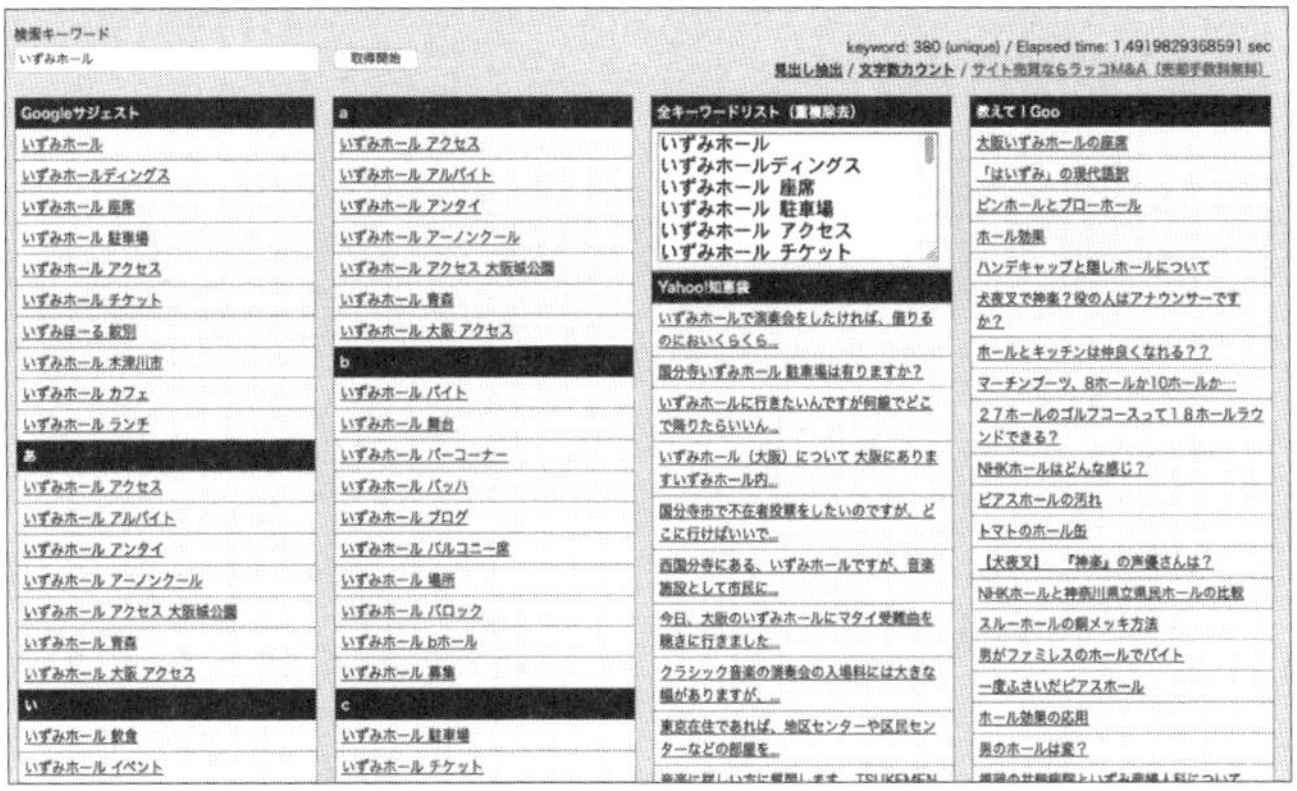

「関連キーワード取得ツール（仮名・β版）」
Googleサジェスト、教えて！goo、Yahoo！知恵袋などの情報元より関連キーワードを一括取得してくれる

出典：https://www.related-keywords.com/

◇ＳＮＳも分析できる

さて、Googleアナリティクスや関連キーワード取得ツール（仮名・β版）はウェブサイトの分析ツールですが、もちろんＳＮＳにも簡易の分析ツールが搭載されています。それぞれの機能を簡単に紹介していきます。

・Twitterのツイートアクティビティ

Twitterはデスクトップ画面からアクセス解析のページを閲覧できます。特に役に立つのはツイートアクティビティの「インプレッション率」。どの投稿がよく見られているのか、あるいは見られていないのかがわかります。イベントの告知なども、この数字を見ながら書き方を工夫できますね。デスクトップでは一度に閲覧できますが、スマートフォンではパーマリンク（その投稿に紐付く恒久的なＵＲＬのこと）ごとの閲覧となります。

← → C　SNS も分析できる

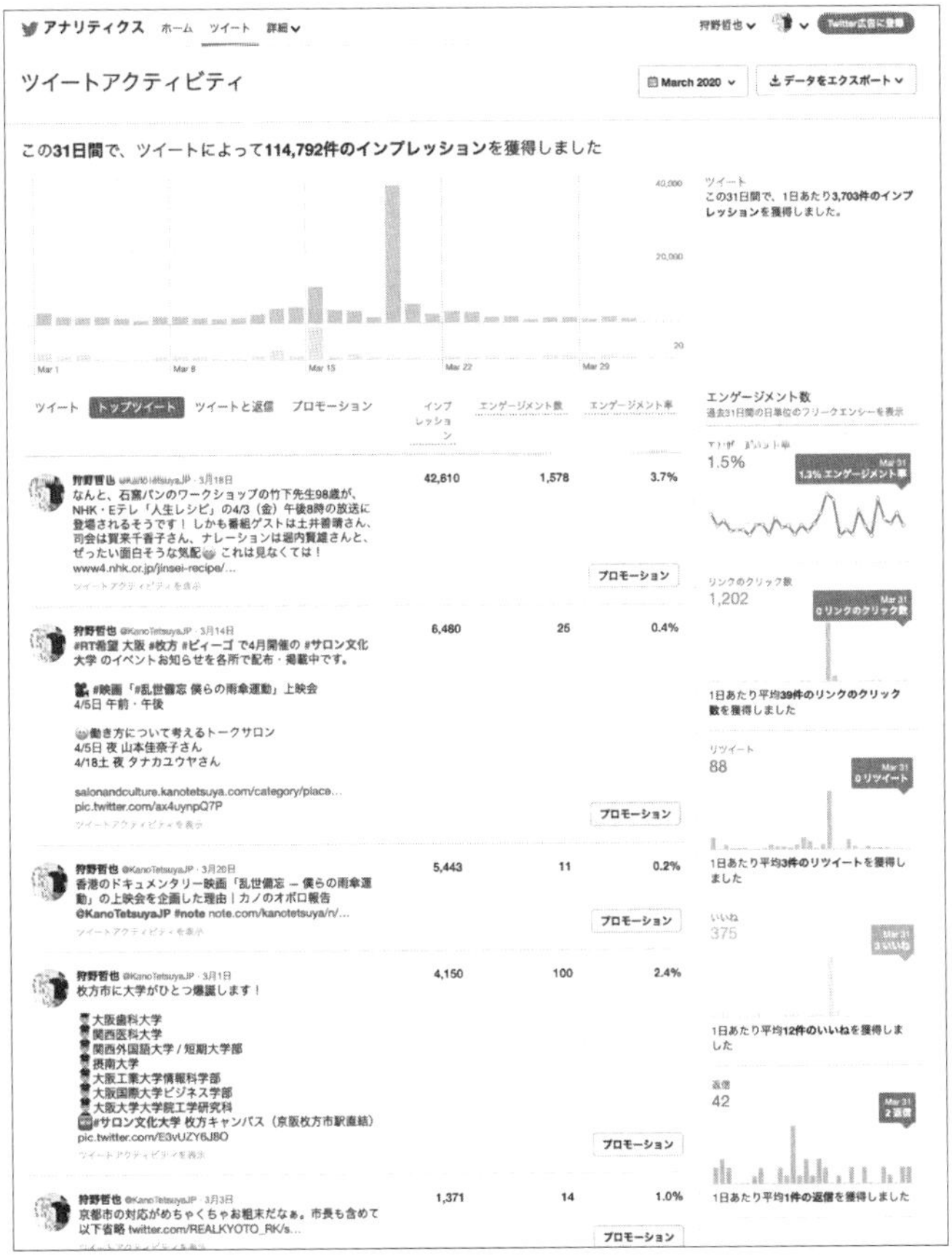

トップツイートを見ればインプレッション率が高い情報順に並ぶため、どんな投稿が一番読まれるかがわかる。2020年3月のトップツイートは知り合いのおじいさんがNHKの番組に出演することを伝えるもの。番組出演者のひとりが「いいね！」したことで一気に情報が広がった

← → C SNSも分析できる

・Facebookページのインサイト

Facebookページは、管理人のインサイトからアクセス解析ページを管理人のみ閲覧できます。

投稿内容がどこまで読まれているのかがわかり、分析しやすくなります。また、競合ページも登録できるので参考にしている自治体や近隣の自治体を登録してみてはいかがでしょうか。

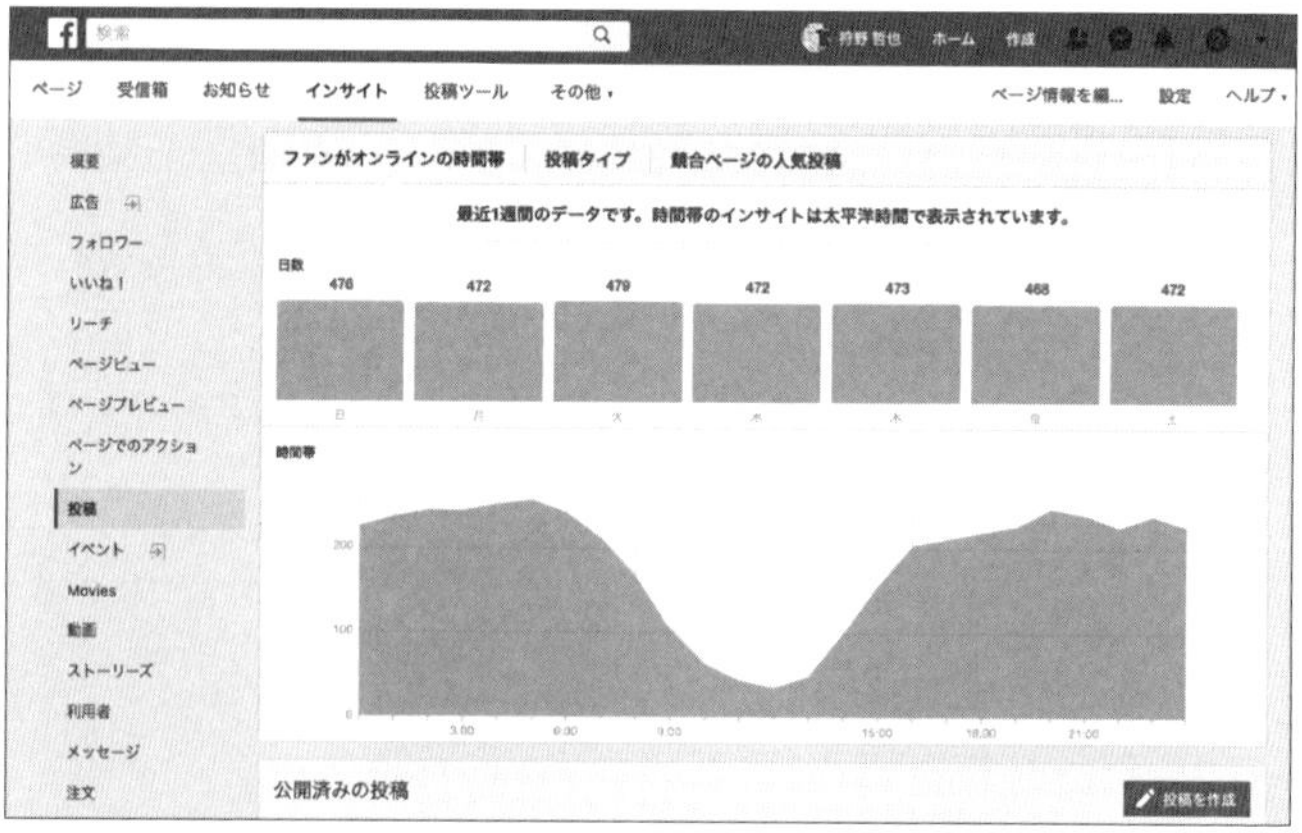

狩野哲也のFacebookページ内インサイト
さらに下にスクロールすると、記事の中でシェアしているURLをクリックした回数までわかる

出典：https://www.facebook.com/kanotetsuya/

SNS も分析できる

・Instagramのインサイト

Instagramはビジネスプラン（無料）であれば、スマートフォンで画面右上のボタンからインサイトを確認できます。

どのコンテンツがどのくらい閲覧されているのか一目でわかります。

オーディエンスは閲覧者の属性がわかる。フォロワーがアクティブにInstagramを利用している時間帯もわかり、筆者のフォロワーの場合は朝9時と21時が多いよう

狩野哲也のInstagram
コンテンツでは投稿ページがどれくらい見られているか、アクティビティは投稿に対してプロフィールへのアクセスがどれくらいあるかなどが表示される　出典：https://www.instagram.com/kanotetsuyajp/

SNS も分析できる

・YouTubeのインサイト

YouTubeはダッシュボード（そのアカウントをもつユーザーだけが見える設定画面）のアナリティクスからアクセス解析のページを閲覧できます。「トラフィックソース」からは、視聴者をあなたのコンテンツに誘導したYouTube 検索キーワードがわかります。特に動画のタイトルなどはアクセス率上昇に大きく関係するのでまず最初に見直したい要素です。ちなみに、一度投稿したタイトルを修正してもURLは変更されませんので、ご安心ください。3章（86頁）でも書きましたが自治体のサイトからYouTubeのコンテンツを見に行く人よりも、YouTubeコンテンツから自治体のサイトに訪れる人を増やすことを目的と考えたほうがいいです。

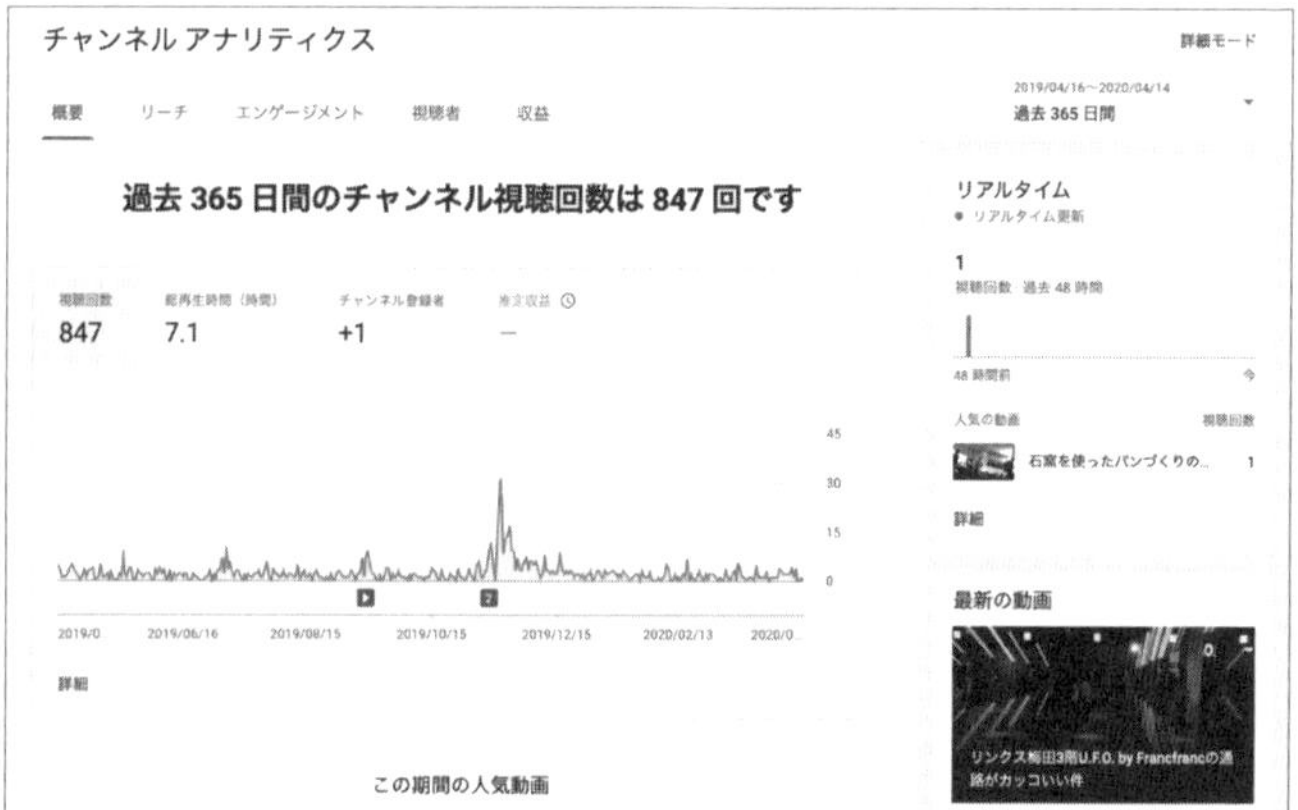
チャンネル アナリティクス
詳細モード
概要
リーチ
エンゲージメント
視聴者
収益
2019/04/16〜2020/04/14
過去 365 日間
過去 365 日間のチャンネル視聴回数は 847 回です
視聴回数
847
総再生時間（時間）
7.1
チャンネル登録者
+1
リアルタイム
1
石窯を使ったパンづくりの...
詳細
最新の動画
リンクス梅田3階U.F.O. by Francfrancの通路がカッコいい件
この期間の人気動画

下にスクロールしてこの期間の人気動画を見ると、ランキング形式で視聴回数と平均視聴時間が表示される。一番人気の27秒動画は21秒までしか視聴されてないことがわかり、数秒で心をつかまなければ最後まで見てもらえないのがYouTubeの世界だと気づく

◇自治体へのむやみな問い合わせを減らすという考え方

最近は読み手の多くがスマートフォンでアクセスします。スマートフォンは持っていてもパソコンを持っていないという方も増えています。Googleアナリティクスでも、「ユーザー」→「モバイル」→「概要」をのぞくと、どんな端末からアクセスされたのかがわかります。ある日の筆者のホームページを解析してみると、モバイルユーザーが約54％、デスクトップユーザーが約40％、タブレットユーザーが約5％。きっとどのウェブサイトもだいたいこのような割合で、今後はモバイルユーザーが増えていくでしょう。

つまり発信側には、デスクトップ表示だけでなくスマートフォン表示のチェックが必須になるということです。昨今は、スマートフォンでも無理なく閲覧できる「レスポンシブデザイン」を導入する自治体や企業ホームページが増えてきました。パソコンで見る画面をそのままスマートフォンの画面に縮小すると、文字が小さすぎてお年寄りなどが見づらくなるためです。

ちなみにこれは、ＰＤＦにもいえることです。自治体のウェブサイトは、多くのＰＤＦ書面がアップロードされていますが、お年寄りにとっては、ダウンロードやファイル展開、文字の拡大等、アクセス障壁が多すぎます。イギリス政府のウェブサイト「GOV.UK」では、「なぜGOV.UKコンテンツをＰＤＦではなくＨＴＭＬで公開するべきか」* という記事の中で、ＰＤＦは「画面上で読むために

* 出典：**Why GOV.UK content should be published in HTML and not PDF - Government Digital Service**
イギリス政府 ｜ 2020年4月8日調べ
https://gds.blog.gov.uk/2018/07/16/why-gov-uk-content-should-be-published-in-html-and-not-pdf/

デザインされたものではない」「使用や閲覧回数を追跡できない」と具体的な事例をあげて、「イギリス政府はあまり使わないようにする」とわざわざ紹介しているほどです。この記事の中でも少し触れられていますが、発信する側はPDFにするとレイアウトが崩れないので作成が楽である一方、受信する側はデバイスに左右されるのでアクセス障壁が高くなるのです。伝えたい情報や伝えなくてはいけない情報を本気で伝える。そのひと手間を惜しまなければ、結果的に自治体側の仕事も楽になっていくはずです。自治体で広報担当だった佐久間智之さんの著書『パッと伝わる！公務員のデザイン術』（学陽書房、2018、2頁）でも、「伝わる」デザインをつくることで「無駄な問い合わせが減る」「苦情が減る」「定時で帰れる」とメリットが紹介されています。これは実際に神戸市の東灘区役所などで起きている例*ですが、これまで区役所案内係をされていた方がたくさんのマニュアルを用意して答えていたところ、電子化してタブレットで検索できるようにしたことで、経験豊富な案内係ではなくともスピーディに案内できるようなったといいます。

さらに改良を加えていけばそのうちタブレットを入口に設置して、無人で利用してもらうようになる日もそう遠くないのかもしれません。

* 出典：https://urban-innovation-japan.com/project/20181st/higashinadaku-customerservice/

(6) 職場と住民の情報格差を埋めることこそがあなたの仕事

住民と自治体職員の間には、大きな〝情報格差〟があります。どれくらいかというと、素人がサッカーを観戦するのとフィギュアスケートを観戦するのくらい違います。サッカーはゴールに入ったボールさえ数えられれば子どもでも楽しめる、世界でもっとも競技人口の多いスポーツです。一方でフィギュアスケートは、プロの実況解説がなければ点数がわかりません。

つまりフィギュアスケートは見ている人と競技の間に大きな情報格差があり、それをやさしく解説する人が必要なのです。自治体にも同じことがいえます。本書では、行政文書や地域の条例、総合計画などへのアクセスではなく、ほんとうに卑近な「落とし穴」の例を挙げてみます。情報発信にある程度慣れてきたらつい忘れがちなのですが、いつも基本に立ち返って「住民と自治体の間には情報格差があること」を思い出すようにしてください。SNS担当者にはいつもこれを自覚していることが求められます。

◇〝当たり前〟という思い込みの落とし穴

例えば、「○△×市」のホームページを見ているとトップページのどこにも「○□県」との表記がない、読み間違われやすい地名の読み仮名がないといった、住民側にとっては〝当たり前〟と思われることこそ、見落とされがちです。（観光や移住促進を諦めていたとしても）外部からの訪問者に安全や安心を提供し正しい情報を開示するのは、税金で存続している自治体の責務です。あなたのまちの玄関口に、〝当たり前〟という思い込みはないでしょうか。

◇そのキーワードが検索上位なのには理由がある

先ほど紹介した関連キーワード取得ツール（仮名・β版）で試しに筆者の住む大阪府寝屋川市の市役所を検索してみます。すると「寝屋川市役所」「フロアマップ」で検索している人が結構いらっしゃいます。なぜだかわかりますか？　理由はいろいろ考えられますが、もし自分が車椅子の利用者であれば目的の場所とエレベーターの場所を事前に調べます。しかし「寝屋川市役所」のページを覗いてみましたが、ちょっと調べたかぎりではフロアマップは見つけられませんでした。

施設案内のページを見ると、寝屋川市の地図が掲載されているだけで市役所の施設案内のフロアマップがありません。つまり、フロアマップという〝欲しい情報〟にたどり着けていない住民がたくさんいるようなのです。このように、さまざまな住民の方が必要な情報のニーズを探ることで自治体と住民の間にある情報格差を知ることができます。

(7) そもそもまったくアクセスがないときに見直すべきこと

自治体公式ウェブサイトのアクセスが少ないときに見直したほうがいいのは、情報の属性です。ひとまずウェブサイトを〝コンテンツ〟と〝チャンネル〟に分けて考えるようにしましょう。コンテンツとは、ウェブサイトの中の文章や写真の組み合わせで構成された中身そのもの、チャンネルとは閲覧してもらうためにユーザーを運んでくる通信路のことです。例えば職員の名刺やメール署名欄に記載されたウェブサイトのURLは、自治体公式ウェブサイトに誘導するチャンネルです。TwitterやFacebookページも同じようにチャンネルであるという意識は大切です。

86頁でも説明しましたが、大前提として住民は、自治体のサイトよりも自治体のFacebookページやTwitterなどのSNSで気になったものだけ見ていると考えてください。コンテンツがないと発信はできませんが、コンテンツ自体（すなわち公式ウェブサイト）はけっしてチャンネルではありません。テレビCMなどの「続きはウェブで！」という文句のように、外部にチャンネルをどれだけ増やせるかという発想が大切です。

【自治体はＵＲＬをすぐに消してしまう？】

自治体のサイトで気になったものはどんどんブックマークしている筆者ですが、一定期間経ったリンクはそのページが丸ごと消されてしまうことが多く、よく残念な思いをします。

これは実際にとある自治体のウェブサイトからとってきたもの。〝４０４〟や〝Not Found〟という表示は「未検出」とか「見つかりません」を意味し、サーバー上にそのデータがなくなったことを示しています。実はこれ、とてももったいないことをしているのです。

読み手へのマナー問題―消した理由の説明を表記していない

例えばわざわざ足を運んだ公共施設が運悪く休館日で、扉が閉まっていたとします。その時、休館日であることがどこにも書いてなかったら結構困りませんか？　もしかして開館前に来てしまったのかな、などと１時間待ってしまったら大損。公共施設でこのような事態はなかなか起こらないかと思いますが、ウェブサイトになると突然音信不通状態になることがよくあります。ファイルデータそのものを消してしまうところが多いのです。これには自治体ならではのごもっともな理由があるのかもしれませんが、事業が終了したのであれば一言そのように書いてくれていればすっきり諦められるのに、ユーザー側は「ひょっとすると一時的な通信エラーかも」など判然としないまま時間を無駄にしてしまいます。そうした事態を避けるため、できるだけ「終了」の報告を残すことがコミュニケーションとしても適切なマナーです。

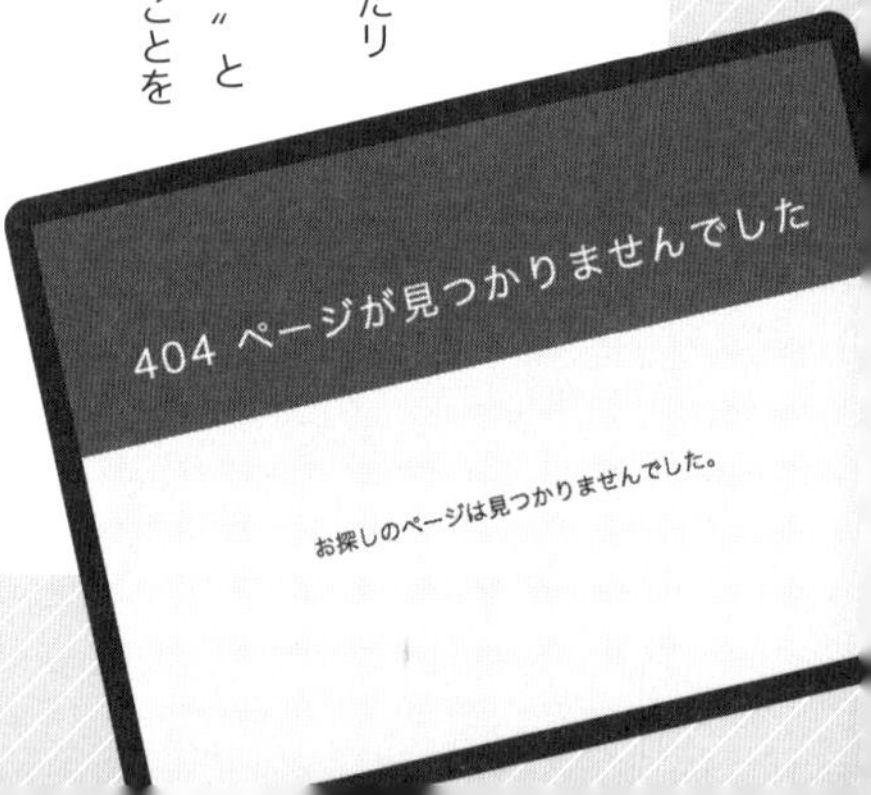
404 ページが見つかりませんでした
お探しのページは見つかりませんでした。

パーマリンクの資産問題――集まった被リンクをポイッと捨ててはもったいない

さらに、ウェブサイトは〝被リンク（外部のサイトから設置されたリンクのこと）が集まること〟で価値が高まっていく生き物だと考えてください。TwitterやFacebookで記事をシェアしたり、ブログに記事をリンクしたりする人が多ければ多いほどその記事の価値が高まり、Googleなどの検索エンジンで上位に表示されます。企業がつくるサイトはこの被リンクを大事に育てていくものですが、自治体はポイッと捨てるところが案外多くて驚きます。たぶん廊下に貼った掲示板の情報を古くなったから次々にはがしていく感覚と同じ扱いなのではないでしょうか。

筆者は過去に参加した自治体の某プロジェクト終了後、自分が携わったウェブサイトが事業終了後いとも簡単に消されてしまったときに大きな喪失感をおぼえました。力を合わせつくりあげた成果を消去するということは、たとえ小さなプロジェクトでも、担当者の方、住民を含む関係者の方にマイナスの感情を与えてしまう恐れがあります。

また、ＵＲＬへの無関心は別のかたちでも好ましくありません。２０１９年、東京都の某区役所のウェブサイトリニューアルで旧ＵＲＬからのリダイレクト（指定したウェブページから自動的に他のウェブページに転送されること）が行われず、一時的に誰もアクセスできないという問題が起きました。例えるなら〝転勤で引越したのに住所変更届けを郵便局に出しておらず、多くの郵便物を郵送主に戻してしまった〟みたいなものです。電話問い合わせが殺到し、その応対業務で現場が大混乱したことは想像に難くありません。自治体職員の仕事の手間を減らすはずのウェブサイトが、アナログの対処を増やしてしまった例です。これはウェブサイトの知識がない自治体職員だけで仕様書をつくると起きる事故です。

5-6 アカウントの成長とリスクマネジメント

さてここからは、リスクマネジメントの話です。リスクといってもさまざまですが大きくは2つ。まず、自治体に欠かせないリスクマネジメントとしてとりあげたいのが、有事（災害時や不祥事が起こった時など）の対応です。炎上リスクについては比較的よく議論されるようですが、むしろ「有事の危機管理対策のほうは大丈夫なんだろうか？」と思うことがあります。そしてもう1つが日常に起こりがちな「炎上」を防ぐ方法、そして「炎上」してしまった時の火消対応。今回はこの2つについて見ていきます。

(1) 有事は担当者不在でもＳＮＳを動かせる体制を

災害時の危機管理こそ、自治体の力がもっとも試される場面でしょう。2章（43頁）で紹介したとおり、有事のＳＮＳ活用は自治体の危機管理対策にとって非常に有効です。とはいえ、最悪の場合、市長や上司が亡くなり指令が出せない状態も起こりえるわけです。それでも機能不全に陥いらず、最低限の情報発信ができる状況を整えておくことが肝要です。

ここでは、担当ではない誰かが自治体ＳＮＳを動かさざるをえなくなることを想定して、おさえておきたいポイントをまとめておきます。まずはこんな状況を想像をしてみてください。


ある朝、おでん市で震度5の地震が起きました。「おでん市役所」内で子育て支援課の新人職員Ａさんは１人暮らしで、住むマンションは大きく揺れたものの、Ａさんは無傷でした。

窓を開けると救急車のサイレンの音が鳴り響き、被害が大きかったであろうエリアの上をヘリが旋回しています。おでん市役所から4号動員の連絡がありました。Ａさんは職場まで自転車で15分の距離に住む職員です。１４０人の職員がいる職場ですが、到着するとまだ10人に満たない職員が慌ただしく災害対策本部を設置しています。電話回線がつながらないため、先輩たちが無線で被害状況を確認しています。

しかしインターネット回線はつながります。広報担当の職員はご家族の誰かが怪我をしたようで、すぐに到着できません。


住民の中には、例えば進学で親元を離れた学生さんや独居老人の方々など、避難所の場所がわからない、１人では動けない状況に直面している人もいるでしょう。電話回線はパンクし、自治体ウェブサイトにアクセスが集中してダウンした場合は、頼りになるのは公式ＳＮＳのみ。最新の一次情報を保有しているおでん市役所の災害対策本部が、彼らに必要な情報を発信する必要があります。

まず大前提として、こうした事態に備えて、自治体ＳＮＳのログイン方法（アカウント名とパスワード）は、必ず複数人が把握できるようにしましょう。

最初の投稿は「おでん市役所に災害対策本部を設置しました」などがよいでしょう。デマの拡散には細心の注意を払わなくてはいけませんが、誰が見ても明らかな状況の共有、電力会社による停電情報、鉄道会社による電車の運行状況など信頼性の高い情報のシェアやリツイート行為などは、上司に確認を取らなくても、事後報告で問題ないでしょう。そしてなにより、職員全員が日ごろから地域防災計画を読み込んで備えることが大切です。

(2) コロナ対策の最前線で、自治体はウェブでなにをどう情報発信したか？

今まさに私たちが直面している新型コロナウィルス感染症対策の最前線では、国の対策を待つだけではなく、いちはやく住民のために対策を出したまちがニュースで目立ちました。自主的に共同で緊急事態宣言を出した北海道と札幌市、感染拡大を防ぐために協力金対策を打ち出した東京都、迅速に独自の対策を打ち出した明石市などの市区町村。一方で、出遅れる自治体などもありました。全国の自治体はウェブでなにをどうやって情報発信したのでしょうか。

◇うまく伝えたまちの紹介

まず、目立ったのは首長の動きです。

鈴木直道 北海道知事 ▶
北海道

▼事例87 ― スピード重視！ 知事のチャレンジ

まずは北海道知事、鈴木直道さん。

2020年4月24日、北海道のYouTubeアカウントで「SOS！牛乳チャレンジ」と銘打って、知事が牛乳を飲む姿が公開されています。学校給食への供給がストップしたものの、毎日搾乳しなければならない牛乳の廃棄を減らすための取り組みです。おそらく動画のクオリティを見ると、職員の方がスマホで撮影して少しテロップを入れてそのまま発信しています。完全にスピード重視です。普段から日常的に情報発信していないとこのスピード感は出せません。

SOS！牛乳チャレンジ | **北海道公式チャンネル**
生乳の需要が減少している一方、乳牛は病気を防ぐために毎日搾乳をし続ける必要があり、食品ロスをなくそうという運動*
北海道 | 2020年4月24日 公開

* 出典：https://youtu.be/jcRmckPN0ig

高島宗一郎 ▶
福岡市長
福岡県福岡市

▼事例88 ― 重要な情報を動画で伝えるためのテクニック

次に福岡市長の高島宗一郎さん。

北海道と同様の4月24日、高島市長は政府による緊急事態宣言から約2週間経過した状況を動画で配信しています。九州朝日放送の元アナウンサーというだけあって、よく通る声で話しながら、グラフなど可視化された情報を用いて説明されたわかりやすい動画です。報道番組でニュースを読むときよりも語る速度をはやくして、動画を最後まで見てもらう工夫をされています。

◇シビックテックの動き

もうひとつ、従来の指示系統とは違う、コロナによって加速した情報発信のひとつとして、シビックテックと自治体の連携があります。

シビックテックとは市民がＩＴ技術を使って課題を解決する方法ですが、3月4日に東京都は、シビックテックに取り組む市民団体Code for Japanと協働し、「新型コロナ感染症対策サイト」が開設されました。

新型コロナウイルスの検査実数や陽性者の推移が一目でわかるウェブサイトで、誰もが参加できるオープンソース（コンピュータプログラムであるソースコードで、一般に公開され、誰でも自由に扱ってよいとされたもの）で作成されています。サイトのソースコードがGitHub（ソースコードの管理サービス）上にあるので、この

福岡チャンネル by Fukuoka city
「福岡市長高島宗一郎 緊急事態宣言から2週間経過した福岡市の状況 新型コロナ」の動画。福岡市の感染者数はどういう状況なのか、こんなに我慢して頑張ってきたけど、効果はあったのかなど、わかりやすく解説*1
福岡市 ｜ 2020年4月24日 公開

*1 出典：https://youtu.be/P3YKvxPSonU

データを参考にほかの市区町村のサイトをつくることができます。

シビックテックの活用が功を奏し、早期封じ込めに成功し注目された台湾のＩＴ担当大臣、オードリー・タン氏も東京都の「新型コロナ感染症対策サイト」に少し参加したことで話題となりました。

その後、全国各地で「新型コロナ感染症対策サイト」が生まれ、三重県版などは県内の高専生が開発しました。

一方、一般市民によって各地に「新型コロナ感染症対策サイト」が生まれるなか、大阪市に誕生した「新型コロナ感染症対策サイト」は大阪市職員である大阪市ＩＣＴ戦略室の中道忠和さんが構築しました。行政の職員自身が自らサイトを構築するのは珍しいため話題になりました。

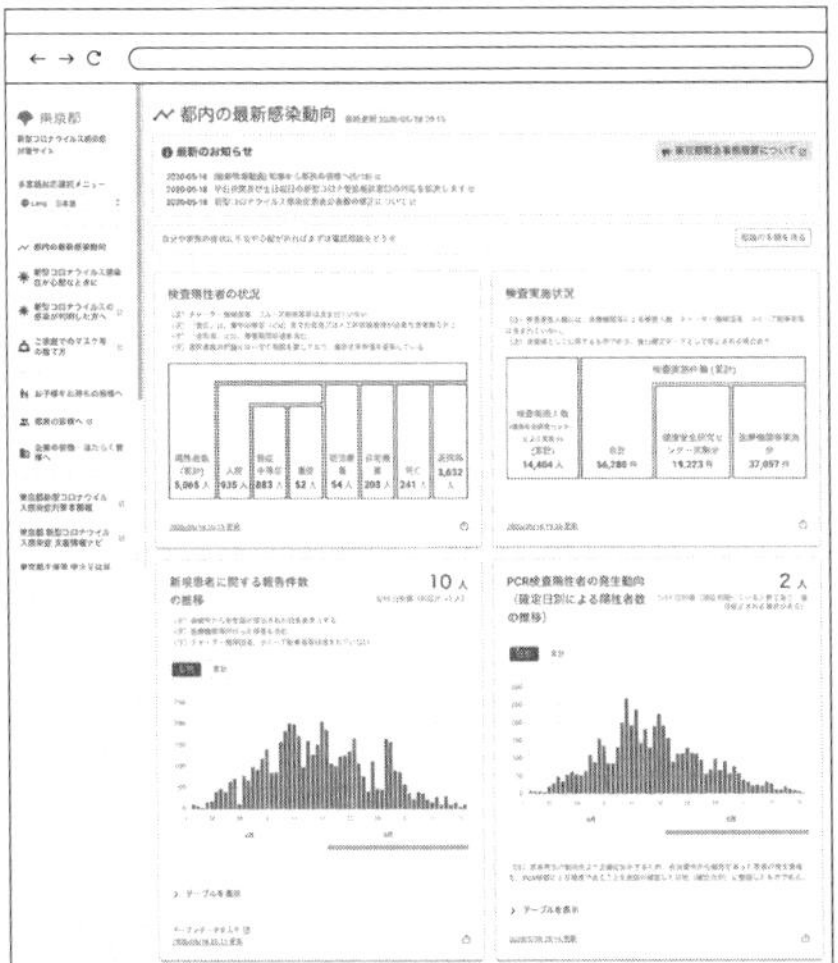

東京都 新型コロナウイルス感染症対策サイト
言語の選択肢は日本語、英語、中国語、韓国語、やさしいにほんごから選択可能 *2
東京都

*2 出典：https://stopcovid19.metro.tokyo.lg.jp/

◇広報担当の自治体職員ができること

「このコロナ禍にもし筆者が自治体職員で広報担当だったら？」と考え、参考例も交えて発信する内容を4つに整理してみました。

①医療関連の情報を発信する

感染者状況や病院の状況を発信します。

▼事例89―**重要な情報を整理して伝える**

新潟県防災局 Tw
新潟県

例えば新潟県防災局Twitterの2020年5月5日の発信では、新潟市の報道発表のページに誘導しつつ要約した情報を発信しています。

こういった発信が②につながります。

②住民やユーザーの疑問や不安を解消する

なにか投稿すると市民から関連する情報や疑問が寄せられるでしょう。それに答えていきます。

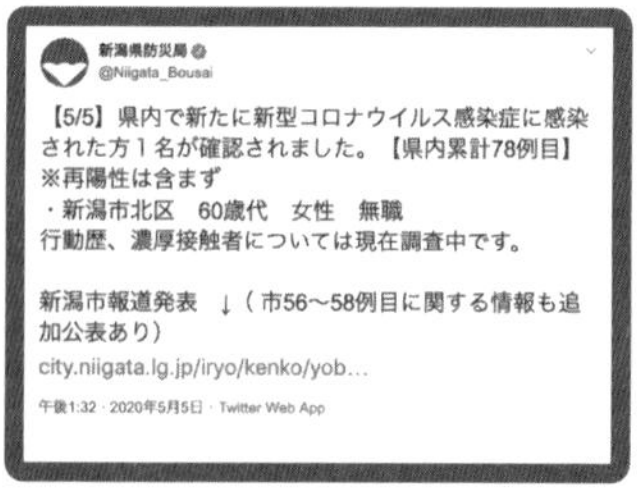

新潟県防災局
@Niigata_Bousai
【5/5】県内で新たに新型コロナウイルス感染症に感染された方１名が確認されました。【県内累計78例目】
※再陽性は含まず
・新潟市北区　60歳代　女性　無職
行動歴、濃厚接触者については現在調査中です。
新潟市報道発表　↓（市56〜58例目に関する情報も追加公表あり）
city.niigata.lg.jp/iryo/kenko/yob…
午後1:32 · 2020年5月5日 · Twitter Web App

新潟県防災局
新潟市の報道発表ページを箇条書きにしたもの*1
新潟県 | 2020年5月5日 公開

*1 出典：https://twitter.com/Niigata_Bousai/status/1257528626628579328

広瀬けいすけ 寝屋川市長 Tw
大阪府寝屋川市

▼
事例90— **市民の疑問に具体的に答える**

例えば寝屋川市の市長は、梅田は大幅に人手が減っているのに市内のスーパーは人が多い、という声に対して、まちの性質の違いについて言及しています。この時期のニュース番組は閑散としたJR大阪駅周辺の様子を伝える映像が多く流れていたため、いま起きている現象を俯瞰で伝えつつ、住民の不安をやわらげる狙いがあったのではないかと思います。

役所に届く声に明快な返事を発信することで市民とのつながりをつくっています。

ミヒャエル・ミュラー ベルリン市長 Tw
ドイツベルリン市

▼
事例91— **短くても伝わるメッセージを送る**

こちらは海外の事例ですが、ドイツ・ベルリン市長のアカウント。

3月18日の時点でコロナ対策の特設サイトがオープンしたことを伝えつつ、「コロナは私たち全員への挑戦状です。信

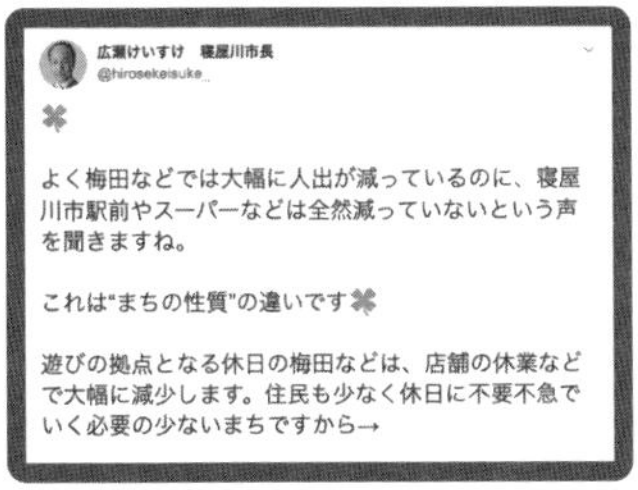
広瀬けいすけ 寝屋川市長
@hirosekeisuke_
よく梅田などでは大幅に人出が減っているのに、寝屋川市駅前やスーパーなどは全然減っていないという声を聞きますね。
これは"まちの性質"の違いです
遊びの拠点となる休日の梅田などは、店舗の休業などで大幅に減少します。住民も少なく休日に不要不急でいく必要の少ないまちですから→

広瀬けいすけ 寝屋川市長
住民からの声を拾い、不安をやわらげる目的のツイート[*2]
寝屋川市 | 2020年5月5日 公開

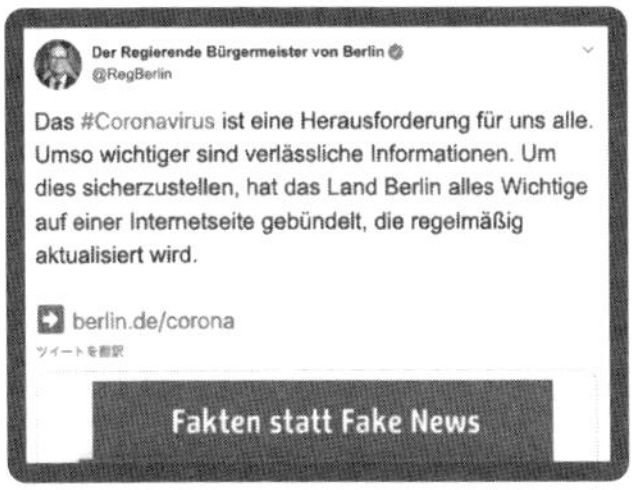
Der Regierende Bürgermeister von Berlin
@RegBerlin
Das #Coronavirus ist eine Herausforderung für uns alle. Umso wichtiger sind verlässliche Informationen. Um dies sicherzustellen, hat das Land Berlin alles Wichtige auf einer Internetseite gebündelt, die regelmäßig aktualisiert wird.
berlin.de/corona
ツイートを翻訳
Fakten statt Fake News

Der Regierende Bürgermeister von Berlin
ベルリン市長ミヒャエル・ミュラーさんの公式チャンネル。市のソーシャルメディアチームがツイートしており、この投稿は2ヶ月経った5月18日現在も固定(プロフィールページを開くと最初の投稿に記事をひとつだけ固定できるTwitterの機能)されている[*3]
ベルリン市 | 2020年3月18日 公開

[*2] 出典：https://twitter.com/hirosekeisuke_/status/1257491562625241088
[*3] 出典：https://twitter.com/RegBerlin/status/1240231537075007488

頼できる情報が大事」と短い一文でメッセージを明確に伝えているところが印象的です。市民のコメントに返答して住民に寄り添いつつ、次のアクションにつなげています。

③ 地域独自の政策や声明を発信する

給付金情報やデマを打ち消す情報など、住民が安心できる情報を発信していきます。

宮下宗一郎 むつ市長
青森県むつ市

▼ 事例92 — **情報発信には画像の工夫も**

例えば青森県むつ市の宮下宗一郎市長公式ツイッターでは全世帯の水道料金について基本料を2ヶ月無料とする内容と、全市民生活支援として1万円で1万2000円分購入できるプレミアム商品を12億円分発行すると画像つきでツイートしています。

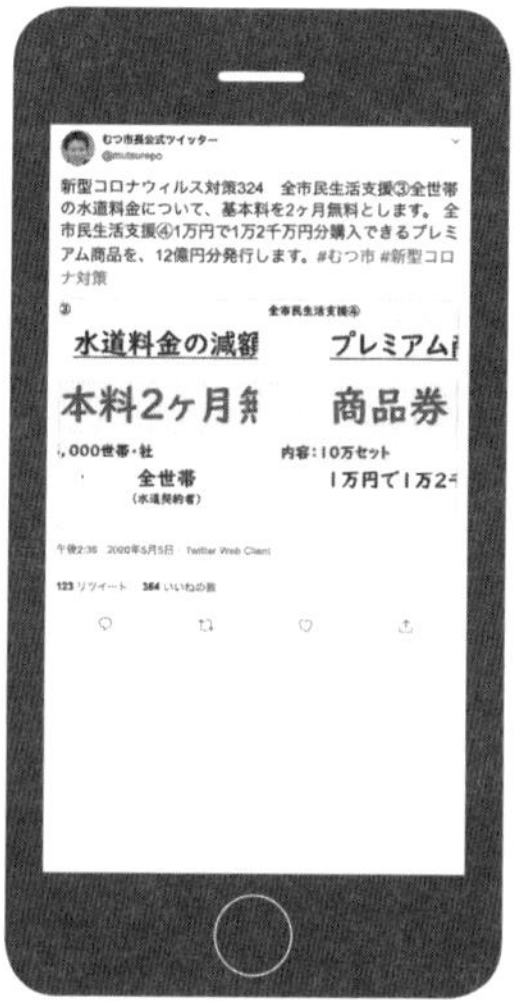

むつ市長
文字だけでなく、パッと見て意味がわかるようなスライドつきで投稿されている*1
むつ市 | 2020年5月5日 公開

宮本泰介 習志野市長
千葉県習志野市

▼ 事例93 — **デマや悪質詐欺を打ち消す注意喚起**

千葉県習志野市では4月29日の市長ニュースで、宮本泰介市長がチェーンメールのデマを打ち消

*1 出典：https://twitter.com/mutsurepo/status/1257544582239121408

す動画配信をしています。チェーンメールとは連鎖的に広がっていくメールのことです。この方法を悪用し、自治体公式ウェブサイトとそっくりなウェブサイトをつくって、給付金の受け取り方法へと誘導し、個人情報を引き抜こうとするなど、すでに困っている人をさらに困らせる詐欺事件が起きています。

普段以上に正しい情報の見極めが難しくなる有事には、こうしたデマや悪質詐欺をいかに打ち消すかというのも、ウェブ発信の重要な役割です。

②の発表段階では混乱を防ぐための抽象的な対策しか打ち出せないですが、③のように状況が見えてくるにつれて、給付金の受け渡し方法など明らかになった対策を伝えていくことで解像度が高まります。住民が求める情報をこまめに更新していくことが大切でしょう。

④ 孤独にさせない

慣れないまちでの一人暮らしや独り身の高齢者などは、コロナ禍で特に不安な日々を過ごすことになるでしょう。そんな状況に置かれた人の孤独に寄り添った海外の取り組みを紹介します。

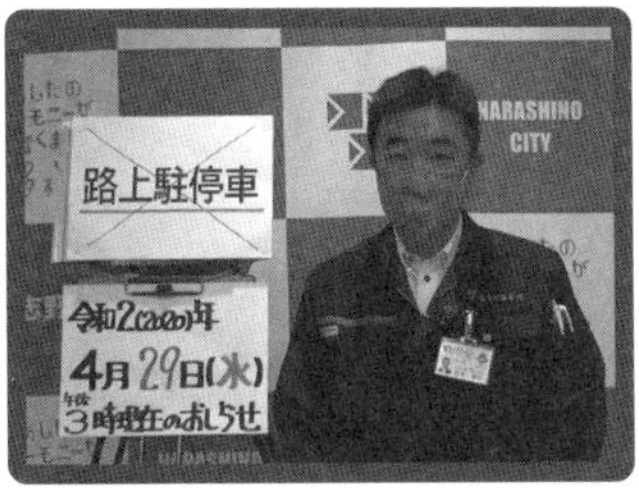

Narashino City
動画の詳細ページ欄の使い方が親切で、

- 「路上駐停車×」0:16頃〜
- 「市内の感染の状況」2:01頃〜
- 「デマ・詐欺」2:29頃〜

と記載され、時間をクリックするとその話題に動画を飛ばせる仕組み[*2]
習志野市 ｜ 2020年4月29日 公開

[*2] 出典：https://youtu.be/_TG1ZRFTnCs

Wellington City Council Fb

ニュージーランドウェリントン市

▼

事例
94

公共施設のスタッフとおしゃべり

ニュージーランドの首都ウェリントンの公式Facebookページでは、まちの文化施設による「ロックダウンランチしよう」というイベントトピックがシェアされていました。まちの文化施設のスタッフとZoom（ウェブ会議ツール）でつないでおしゃべりしませんか、という内容です。さみしく過ごしている人も気持ちが安らぐかもしれません。

有事における、自治体のウェブ発信は、どれだけ住民の不安に寄り添う投稿ができるかが問われています。

Wellington City Council

「サンドイッチとカップを片手に文化施設スタッフたちがロックダウン中に何をしているか知りましょう！」と絵文字を交えたお誘いのメッセージ*

ウェリントン市 ｜ 2020年5月1日 公開

* 出典：https://www.facebook.com/wellingtoncitycouncil/posts/2426696780764447

(3) 備えよつねに。炎上を引き起こす本当のリスクとは?

さて、ここからは2つめの「炎上」についてです。SNSをはじめウェブメディアを運用するうえで、もっとも恐れるのは炎上リスクでしょう。

こういってしまうと身も蓋もありませんが、ウェブといえども基本的にはコミュニケーションの問題なので、普段からまともなコミュニケーションが取れている人なら、SNSでもそれほど不安に思う必要はありません。しかし、やはりリスクがないといったら嘘になります。

◇炎上リスクに関する総務省のレポート

そもそも炎上とは具体的にどういった原因で起こるものなのでしょうか。総務省の「社会課題解決のための新たなICTサービス・技術への人々の意識に関する調査研究」(2015年)によると炎上の大半は次の4つになります。

a　自分の発言が自分の意図とは異なる意味で他人に受け取られてしまった(誤解)

b　自分は軽い冗談のつもりで書き込んだが、他人を傷つけてしまった

c　ネット上で他人と言い合いになったことがある（けんか）

d　自分の意思とは関係なく、自分について（個人情報、写真など）他人に公開されてしまった（暴露）

cは除外するとして（自治体職員はわざわざけんかしないでしょうから）、a・b・dはSNSを活用していると日常茶飯事です。特にaのような、言葉の受け取られ方は対面のコミュニケーションや親しい間柄でもよく起こります。

自治体といえど炎上は免れない場面も多々あります。養殖ウナギを水着姿の少女に擬人化して炎上、公認キャラクターが性的すぎると炎上……など、おふざけを通り越してしまった過去の事例は数知れず。少し周囲に助言を求めれば簡単にわかったはずなので、このような例は組織マネジメントの問題といえるかもしれません。またとある自治体では田舎度を自虐するPR動画に市長が不快感を示したため配信停止となった例も。配信停止後もネット上で「見たい」という声が続出し再公開されたようですが、声の大きい人による訴えで表現が否定されたパターンです。

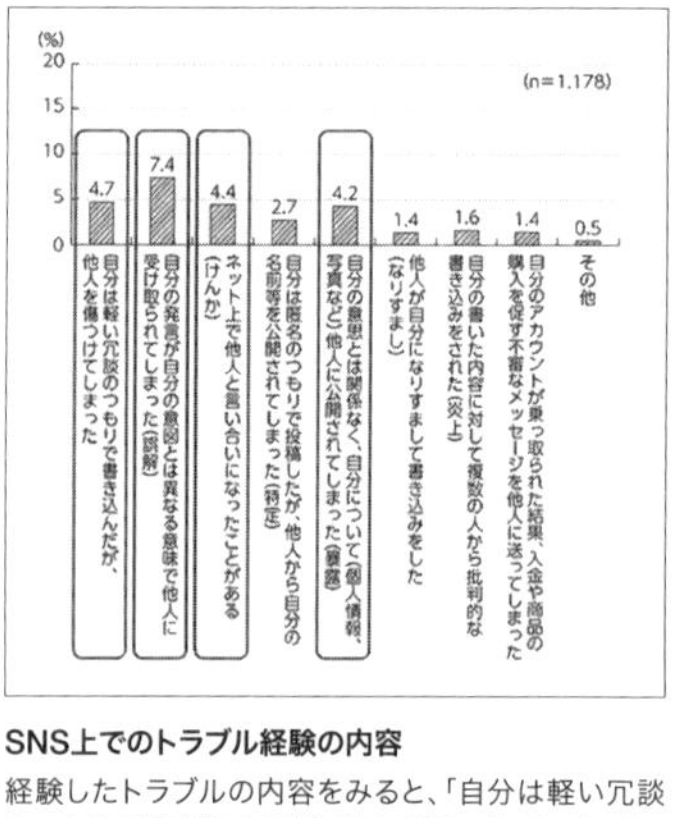

SNS上でのトラブル経験の内容

経験したトラブルの内容をみると、「自分は軽い冗談のつもりで書き込んだが、他人を傷つけてしまった」「自分の発言が自分の意図とは異なる意味で他人に受け取られてしまった（誤解）」「ネット上で他人と言い合いになったことがある（けんか）」「自分の意思とは関係なく、自分について（個人情報、写真など）他人に公開されてしまった（暴露）」が比較的高くなった*

* 出典：**総務省「社会課題解決のための新たなICTサービス・技術への人々の意識に関する調査研究」（平成27年）**
https://www.soumu.go.jp/johotsusintokei/whitepaper/ja/h27/html/nc242230.html

◇組織内に潜むリスクとは

炎上は日ごろのコミュニケーションと地続きであるという点で最も根深いリスクは、むしろ〝組織内〟にあります。組織に所属する以上、現場の状況を正確に把握していない人にも「正しい説明」が求められるもの。担当者はいつでも上司に説明できる体制を整えておく必要があり、それを怠ると組織内の信頼を一気に失ってしまいます。

(4) 悩みはつきない「公」から「公」への発信

新しい企画や投稿に対して、上司から問われるのは「もし良からぬことが起きたらどうするのか」という危機管理にまつわることが多いのではないでしょうか。もちろん、あなたの失敗はすべて上司の責任になってしまうので、彼ら彼女たちがきちんと納得できる材料や回答案を示すことはあなたの責務でもあります。筆者のような外野がヤイヤイいうのは簡単ですが、実際に働いている職員の方たちは密接な人間関係のもとで働いておられるので、もう少し役立ちそうなことを記しておきたいと思います。

◇上司を説得する材料はほかの自治体の成功例から探す

一番の説得材料となるのはいうまでもなく、ほかの自治体の成功例です。筆者が更新するウェブサイト版「まちのファンをつくる 自治体ウェブ発信テキスト」（4頁）では、さまざまな地方自治体のソーシャルメディアの事例のメモを掲載しています。「自治体 LINE 事例」や、「自治体 Instagram 事例」などのキーワード検索で訪れる方がたくさんいます。見に来てくれている方はおそらく自治体の職員や、連携先の制作会社・広告代理店の方が大半だと思います。とはいえ新しく配属された担当者などは特に、なにを参考にしていいものやら右も左もわからない状態でしょう。そんなときはまずはこの本の事例やQRコードの先にある参照URLを研究し、筆者のウェブサイトや「自治体 ○○事例」の検索で掲載されている事例を調べてみることから始めてみてください。

また、前例を知るだけでなく、その前例の担当者から直接聞くのが近道です。加藤年紀さんの著書『なぜ、彼らは「お役所仕事」を変えられたのか？』（学陽書房、2019、134頁）によれば、

> 公務員には学び合いの文化が存在する。自治体では常日頃から善例の共有が可能なのである。企業秘密はあっても、自治体秘密という言葉は存在しない。

と、この環境を活用すべきといいます。直接担当者に連絡をとって「そもそもどうやって上司を説得

したのか」を聞くのもいいでしょうし、学び合いの場に参加して、顔の見える関係を築いておくことで、ほかのまちの職員からヒントをもらえるかもしれません。ＳＮＳを活用すれば、ユルいつながりは簡単につくれます。

(5) 成果物の二次利用には細心の注意を

配慮すべきは対住民だけではありません。自治体と協働する知り合いのイラストレーターなどからの苦情も少なくはありません。よく耳にする例として挙げられるのが、自治体によるイラスト改変問題です。これは完成したイラストを納品した後に起こりがちなのですが、例えば職員の方が住民説明用につくったＷｏｒｄの報告書などで、文章だけでは寂しいと思ったのかイラストを外注したとします。少しでも魅力を伝えようとしてくれる気持ちは好ましいものの、残念なことに画像の縦横比率が変わっていびつに変形してしまっていたり、市章と組み合わせてイラストを配置したりと、せっかく苦労してつくったイラストが目も当てられない状態に改変されているのだとか。

プロのデザイナーやイラストレーターにお願いする際には、さまざまな覚書、注意書きが記されるかと思いますが、関係者間でこの取り扱いルールがしっかり共有されていないとこのように残念な状況が起こってしまいます。また、いちばん問題となるのは二次利用された場合です。良心的なクライアントであれば、受注内容とは別の流用費を払って使わせてもらうことができますが、無断使用後に折り合いがつかない場合は裁判に発展します。事前に著作権譲渡の契約を結ぶなどの対応をとっている自治体も多いようです。こうしたトラブルが起こらないように、契約条件は入念に確かめておきましょう。また今回はイラストを例に挙げましたが、写真・文章・デザイン・映像でも同様です。

(6) 発注も1つの愛着循環活動

最近は、著作権フリーの写真やイラスト、グラフィックを扱うウェブサイトがとても充実してきました。たしかに、無料で使える素材はとても便利ですし、つい堅苦しくなりがちな自治体の情報に親しみやすさを添えてくれる存在です。限られた予算のプロジェクトではとても心強いので使わない手はない気持ちもわかります。しかし、このフリー素材の使用がスタンダードだと思いはじめると、いつの間にかどこかで見たことあるテンプレートばかりの無個性な情報に成り下がってしまうのです。それればかりではなく、どんどんと地元のイラストレーターや写真家やデザイナーさんと疎遠になり、地元事業者と育んできたまちへの愛着や接点も失ってしまうでしょう。長い目で見ると、まわりまわって自治体経営自体の首も絞めてしまう可能性もあります。情報発信1つとっても、地域に根差したプロジェクトとして育てていく気概が、結果的に一番の発信材料となるのではないでしょうか。

(7) うまくいかない場合は引き際も肝心

多くの企業サイトには、ウェブマスターと呼ばれるウェブサイト全体のクオリティをチェックしている人がいます。ウェブサイトのデザインやマーケティング、維持管理の担当者のことですが、名称は違っても似た立場の人は必ずいます。広告でいえば、アートディレクターやクリエイティブディレクターと呼ばれる立場の人物です。ですが47の都道府県の自治体メディアを見ていると、このサイトはウェブマスターが不在だな、と感じることが多々あります。

特にウェブマスターが不在だと感じるのは、ソーシャルアカウントを濫立させすぎてしまっている自治体です。そのうちのいくつかはすでに冷温停止状態で、そのままのリンクが貼られていることも。「別のサイトに移行、吸収しました」と表記して閉鎖している場合もありますが、唐突に終了している場合もあることは、既に書いたとおり。

ウェブサイトの運営は、ユーザーのニーズに沿うコンテンツを提供できているかどうか常に考えることが大切です。裏を返せば、それを実行できているかを考えながら、発信と投資（投稿）を繰り返すことのできる道具です。あえて〝投資〟と喩えたのは、株の売買と同じように損が出そうな時点で引き上げる覚悟も必要だからです。手ごたえのない状態でズルズルと発信を続けると、圧倒的に力の無駄遣いです。

逆にいえば、止めたいときにすぐに停止できるのが、無料でできるＳＮＳの良いところでもあります。例えばこれまでブログで配信していたものの、アクセス数が減ってきたなと思えばInstagramに変えてみるなど、ほかのサービスを使ってみるのも手です。また自治体の場合、異動を見据えてその試行錯誤の経緯や変更の理由などもアーカイブを残しておくことも忘れずに。

6章

ウェブ発信を使ったコミュニティデザイン

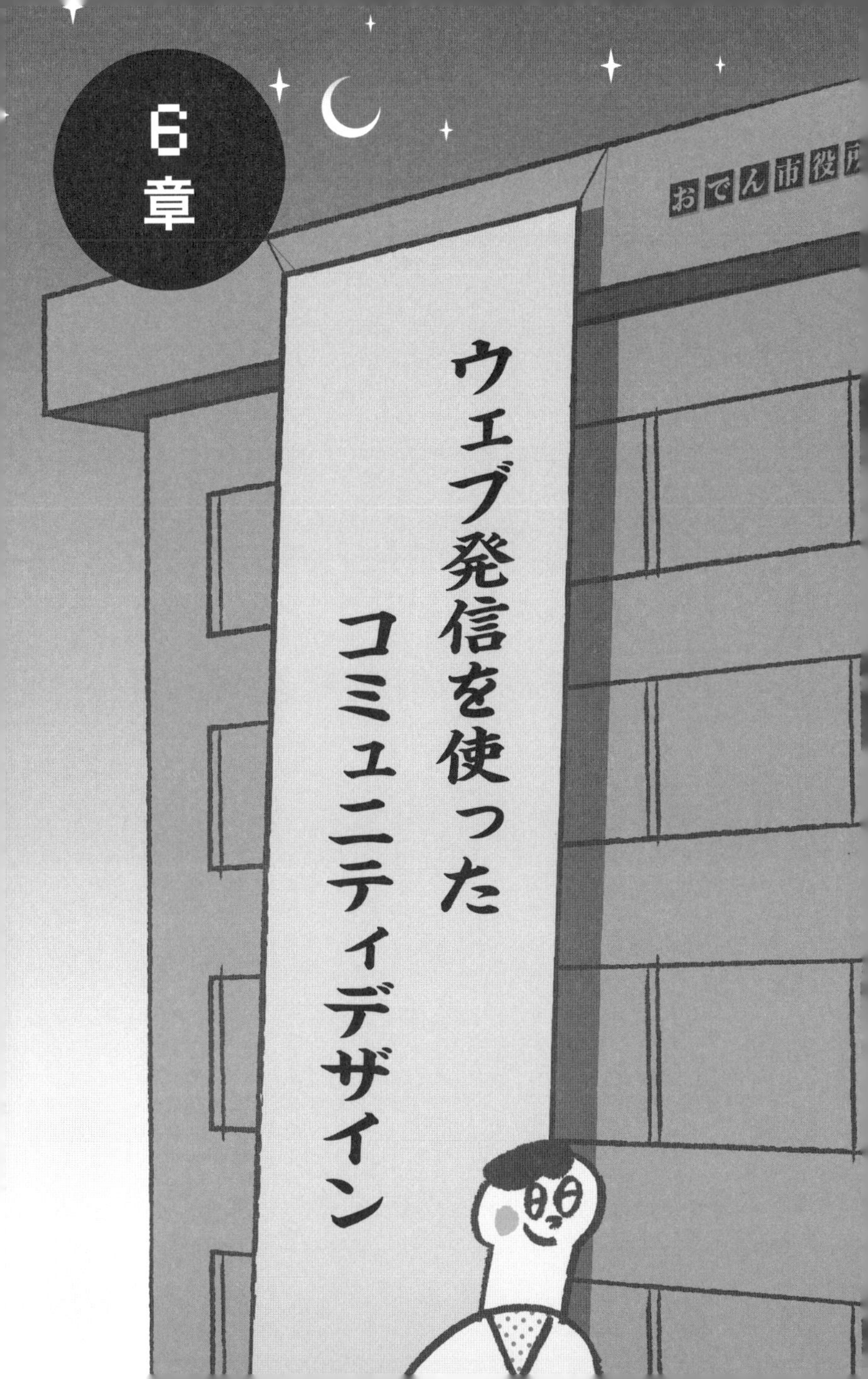

6-1 自分たちのまちは自分たちでつくる

この章ではウェブ発信が「人がつながるしくみをつくる」ツールとなることを、地方自治体の実践を通じて紹介していきます。

前半で取りあげる奈良県生駒市、兵庫県尼崎市、愛媛県西条市、静岡県富士宮市などの住民の方たちはほかのまちと比べて上機嫌にまちを使いこなしているように感じます。まちの担い手が愛着をもってまちでの暮らしを発信すると、自ずと魅力的なまちに見えます。例えば17頁で取りあげた尼崎市「尼ノ國」。「尼崎の治安が悪いのは本当かどうか」を尼崎在住の市民が課題と感じ、現状はどうなのか自治体職員が語り、対処方法をいっしょに考え、読者もその考えを深めるという循環を可視化できる状況が、まちの未来の担い手である人たちの行動を促します。まちの研究者たちや自治体職員の皆さんがたびたび目指す将来として指針にする「シビックプライドを育む」とは、噛み砕くとこういう解釈なのではないでしょうか。

6-2 コミュニティをユルくつなげていく手段としてのウェブ発信

住民参加型のプロジェクトの記事発信を住民に関わってもらうと、少しずつSNSを通じて住民同士がつながっていきます。またウェブサイトの立ち上げは関わってくれるクリエイターも強力な味方。久繁哲之介さんの著書『地域再生の罠』（筑摩書房、2010、162-163頁）によれば、自治体の問題の所在は

・専門家の上から目線による「成功事例」に価値を置き、市民目線と顧客志向に欠ける。
・前例主義で、「実は成功していない」前例を踏襲して、地域を衰退させる。
・縦割り主義で、各組織は連携せず、各組織の目的だけを叶える、効果の出ない施策をつくる。しかも、他組織の他施策との整合性に欠けて弊害を生む。その結果、地域は疲弊する。

と整理されています。あらゆる状況で好機を逃さず、できるだけ多くの人を巻き込んでまちのコミュニティを育てていくには、どんな状況を生み出すべきなのか。いくつかの興味深い実践例を見ていきましょう。

(1) 住民が地域の価値を高めてくれる状況をつくる

事例95 — 部活感覚でまちの魅力を再発見する

グッドサイクルいこま Fb
奈良県生駒市

奈良県生駒市の「グッドサイクルいこま」という面白いFacebookページをご存じでしょうか。5000人以上もの方がフォローし住民が主体となってまちの魅力を発信しており、住民同士のコメント欄での盛りあがりを見ても活発なコミュニケーションが行われている様子が伺えます。

市民PRチーム「いこまち宣伝部」Facebookチームの皆さんと市職員が交代で投稿しているというこのページ。どうやって市民PRチームのメンバーを募集したのでしょう。生駒市役所広報広聴課の大垣弥生さんによると、「18歳〜49歳という年齢設定からもわかるように若者にも積極的に呼びかけました。広報紙でも募集していますが、ウェブ上での拡散を狙って募集用のウェブサイトをつくり、Facebook広告（住まいや年齢をしぼってFacebook上に広告を表

いこまち宣伝部
生駒市の宣伝PRチーム、いこまち宣伝部。市内外に生駒ラブな気持ちを拡散する[*2]
生駒市 | 2018年10月30日 公開

グッドサイクルいこま
生駒市で新しくオープンしたお店など、生活の楽しみになる情報が随時更新されている[*1]
生駒市

[*1] 出典：https://www.facebook.com/goodcycleikoma/
[*2] 出典：https://team-ikomachi.com

示させることが可能。ターゲット人数や期間によって金額が変わる仕組み）も利用しています」とのこと。

1期1年という設定で、活動期間の終わりが明確であることと、カメラや文章講座以外は活動日が自由であることが参加のハードルを下げていると大垣さんは話します。2019年は5期生を迎え、デザインやロゴも一新したそう。そもそもこの企画、「行政の事業はダサいから参加したくない」「地域のお店や教室を知りたい」という市民の声がきっかけで始まったのだとか。参加者は全5回の講座を受講し、ライティングや写真撮影といったスキルの取得や、「絵文字を多用しない」「本文は450文字以内」などの基本的なルールを共有するそうです。

例えばこちらは、生駒市と花王株式会社の共催イベントを市民がレポートしたもの。

「まちの魅力を多面的に発信してもらうため、取材先の選定はすべて市民の方にお任せしていますが、取材先が重ならないようにFacebookのグループページをつくり、1カ月に一度は翌月どんな投稿をするか共有しています」と大垣さん。レポート原稿は投稿日の2日前までに生駒市職員に共有され、確認を経て市職員さんによって予約投稿されるというマネジメント体制は見事。1年という限られた活動期間でレポーターさんの力を出し切って

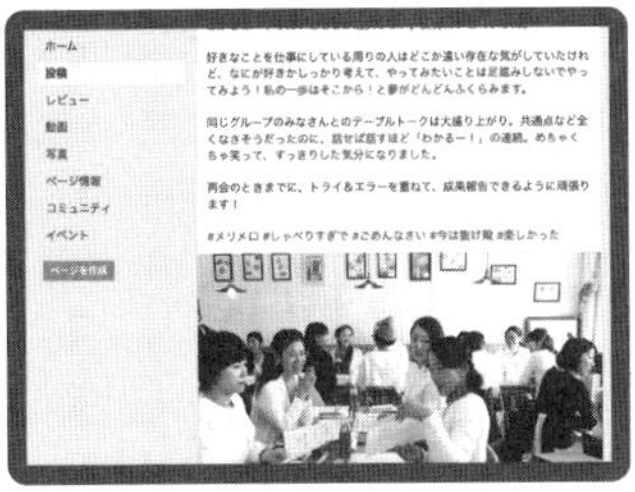

グッドサイクルいこま

生駒市と花王（株）の共催イベント「Styling Talk〜生駒を楽しむオトナ女子会〜」をレポートとして伝える投稿。文面や写真での様子などから楽しかった様子が伝わる [*3]

生駒市 ｜ 2018年10月30日 公開

[*3] 出典：https://www.facebook.com/goodcycleikoma/posts/2140654372863397

もらえるようにと、生駒市がこの事業にかける気合が伝わってきますね。

▼事例96 — コミュニティの拡張を楽しむ

尼ノ國 SNS
兵庫県尼崎市

1章で紹介した尼崎市のプロジェクト「尼ノ國」(17頁)のコミュニティも活発に活動中。プロジェクトに紐づくソーシャルメディアがFacebookページ、Instagram、Twitter、YouTubeの4つあります。それぞれの活用方法をご紹介します。

SNSによって利用する年齢層や属性が異なるため、さまざまな媒体を活用して尼ノ國を広めているのだそうで、「例えばInstagramは、市民の皆さんにも気軽に尼崎の魅力を投稿してもらうことで、ともにシティプロモーションを推進するツールとして活用しています」と、尼崎市役所広報課の島田さんはいいます。

記事を書くライター以外にも、Instagramで尼崎の魅力ある写真を「**#尼ノ國**」「**#amanokuni**」とハッシュタグをつけて投稿する人はだれでも「尼ノ物書キ組」となるのだとか。とにかく間

Fb Facebookページ
サイトの更新情報、尼ノ民の活躍ニュース、サイトの内容に関連する出来事などを随時発信
In Instagram
サイトの更新情報や、「#尼ノ國」尼崎の魅力ある写真（まちの風景、建物、花や緑、人々の笑顔など）をリポスト（シェア）することで、尼ノ國Instagramのページで、投稿した人の写真を紹介
Tw Twitter
サイトの更新情報、サイトに関連する出来事などを発信
YouTube
サイト内の記事に関連する動画を発信

口が広く、いつでも誰でもあたたかく迎え入れてくれそうな雰囲気が伝わってきます。市民レポーターの取り組みは全国各地で根付いていますが、その仕組みや目的はさまざまです。ウェブ発信は、尼崎でごきげんに暮らしたいすべての人が対象だという尼ノ國のように、コミュニティを自在に拡張するプラットフォームにもなるのですね。

LOVE SAIJO
愛媛県西条市

▼

事例97 — 若い書き手を増やしていく

愛媛県西条市でも、市民ライターたちが「ＬＯＶＥ ＳＡＩＪＯ」というウェブサイトで情報発信しています。タイトルのそばには「まちへの愛が未来をつくる」と言葉が添えられているこのサイト、市民ライターがかなり若いのが特徴です。なんと西条市内の小学校、中学校、高等学校単位での応募も可能であり、実際に西条高校新聞部の学生が書いた記事がこちら。

愛媛県西条市シティプロモーション推進課の吉井靖仁さんによれば、この市民ライター事業は２０１８年度の立ち上げから

LOVE SAIJO
西条高校の運動会でお馴染みのモザイクアートについて伝える記事[*2]
西条市｜2018年10月29日 公開

尼ノ國
尼崎の名所やできごと、尼ノ民の物語などを、写真や記事で「尼ノ國サイト」や「尼ノ國インスタグラム」に投稿する人たち（物書き）は、誰でも「尼ノ物書キ組」組員となる[*1]
尼崎市｜2017年3月6日 公開

[*1] 出典：https://www.amanokuni.jp/amanomonokakigumi.html
[*2] 出典：https://www.lovesaijo.com/education/saijokoukou01/

3年目を迎え、個人12名、団体2つの登録があるのだとか。閲覧数の高い記事はお店の紹介記事が多いよう。公平性を担保せざるを得ない行政は、特定のお店を取りあげづらいといわれますが、市民ライターさんの取材ならそうした懸念が一気にクリアされるのだといい、行政職員にない視点でまちの魅力を発見できることがメリットなのだそう。まだまだ若いレポーターを増やしていきたいそうで、その先の受け皿として、「ＬＯＶＥ ＳＡＩＪＯファンクラブ」というみんなで西条を応援するコミュニティも用意するなど、市民をつなぐ仕組みづくりに余念がありません。

LOVE SAIJO

西条でつながるコミュニティ LOVE SAIJOファンクラブの入会チラシ[*1]

西条市 | 2019年4月10日 更新

ふじのみやハハラッチ

静岡県富士宮市

▼

事例98 ― 書き手集団をつくる

静岡県富士宮市の「ふじのみやハハラッチ」は、子育て中のお母さんが記者となり、静岡県富士宮市のイベントや観光スポット、公園や公共施設などを取材し情報発信しながら、子育てママのコミュニティをつくることに焦点が当てられたウェブサイトです。

ハハラッチ事業は富士宮市役所の市民部市民交流課女性が輝くまちづくり推進室が所管し、事業として5年目を迎える長期プロジェクトであり、お母さん（＝ハハラッチ）ライターの記事は年々質や

[*1] 出典：https://www.city.saijo.ehime.jp/soshiki/citypromo/lovesaijo-fanclub.html

量が充実しているのだとか。

女性が輝くまちづくり推進室主事の臼井史《ふみ》さんによると、この事業は女性の社会的活躍推進や働き方改革などを目的としているといいます。２０１６年度から設置されている「女性が輝くまちづくり推進室」が中心となって取り組んでおり、元々富士宮市で活動していた母親たちによる母親支援のＮＰＯ法人（設立当初は法人格ではなかった）団体と行政が協働して、子育てや社会復帰の支援、母親独自の目線でまちの魅力を発信することを目指しているのだそう。

また臼井さんによると「この事業は静岡県長泉町が取り組んでいる『ママラッチ事業』を参考にしており、事業開始当時は、同町事業担当の方のお話を伺ったり、養成講座にママラッチライターにご出席いただいたりとご協力をいただいています」とのことで、静岡県内ではすでに母親ライターたちの勢力がどんどん拡大しているよう。

長く続けてきたことで市役所の組織内も変化したといい、「事業報告や打合せのための定例会に、子ども連れで出席するお母さん方の来庁が当たり前の風景になりました。お子さんたちが会議室を走り回るなかで、いい具合に肩の力が抜けた打合せができています。また、市議会正副議長インタビューや、ガス基地見学など、子育てとはあまり関係のないように思えることも、積極的に取材して

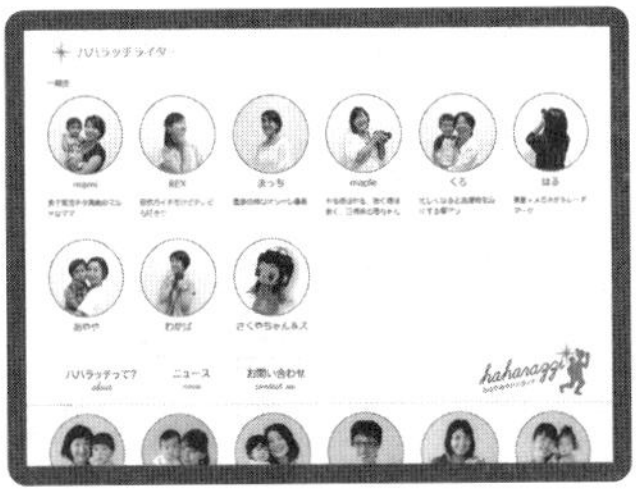

ふじのみやハハラッチ

「ふじのみやハハラッチ」のサイト。現在4期生が活躍中*2

富士宮市役所市民部市民交流課 女性が輝くまちづくり推進室 | 2016年11月4日 公開

*2 出典：http://haharazzi.info/

もらいます。既存の考えに捉われない新鮮で新しい見方や考え方に気付けて、議長や事業者も、よりよい運営を志向できると話しています」と臼井さん。

順調そうですが、少なからず課題もあるよう。例えば取材先から、記事や写真がとても良かったので転用したいとの申し出があった時や、ライター自身、自分の記事を個人のSNS等でどの程度使用できるかといった点はまだ曖昧なことが多くプロジェクト内できちんと共有するようにしたいといいます。

さらにライターの次のステップについても考えているそうで、「お子さんの進学や2人目3人目の妊娠出産、ご家族の転勤などお母さんを取り巻く環境は常に変化し、ライターとしての活動頻度やモチベーションにも関わります。一人ひとりの状況に合わせて、無理なく取材活動を楽しんでいただくため、ライター同士の交流やスキルアップ研修の開催などの仕組みづくりをしている最中です」とのこと。長く継続的なプロジェクトにしていくためにモチベーションをデザインする。なんだかこ

市内のどんな場所で天然ガスが使われているか、など取材『東大寺の大仏がすっぽり入る?!巨大タンクがあるガス基地を見学』*2

地元議員と「議会に女性議員が少ないこと」などのトーク『【ハハラッチ企画】富士宮市議会ってどんなところ？』*1

ふじのみや ハハラッチ | **富士宮市役所市民部市民交流課 女性が輝くまちづくり推進室** | 2018年10月2日 公開（左）／2019年2月14日 公開（右）

*2 出典：http://haharazzi.info/6956

*1 出典：http://haharazzi.info/8025

こに、小さなまちが存在するように感じました。

(2) まちの魅力をどう編集し、アップデートしていくか

本章で紹介してきたいくつかの市民レポーターの実践例は、どれも魅力的ではあるものの、必ずしもうまくいくことばかりではないのが現実のようです。

複数人で記事を書くと、能力差が大きく開いてしまう場合があるのも事実です。そうした状況が起こらないように、例えば奈良県大和郡山市の「こおりやまフォトライター」などのように、写真の投稿にクローズアップしたものも存在します。要するに、そのプロジェクトにおける「ゴール」の据え方次第で、住民の意欲に沿ったまちの魅力発信が実現するのです。カチッとしたものを求めるべきか、ふわっとしたものを求めるべきかは、自治体ではなくレポーターである住民の個性に沿って、微妙に軌道修正していくことが大切なようです。

いくつかの自治体で講師をした筆者の経験では、クリエイティブの質を最初から高いものにするよりも、自治体の職員を含めて関わったメンバー同士が仲良くなる関係性を築くことに重視したほうがプロジェクトはうまくいくと感じています。市民ライターの事業がうまくまわりはじめると、新聞やローカルニュースなどに取りあげられ、住民や地元議員、他県から注目が集まり、事業の効果が高ま

り、組織内で無視できない存在となります。

(3) 地域を盛りあげてくれる外部パートナーの存在

自治体のウェブサイトは住民と自治体を結ぶための道具です。必要最小限の労力とコストで自作することも素晴らしい姿勢ですが、ある程度の規模になると、ウェブサイトを外注してつくりこんでいくことも多いでしょう。以前、某自治体のお仕事で職員Aさんの方と打ち合わせしていたとき、「この作業をするとAさんの手間が増えますよ」と尋ねると、「大丈夫です、業者にやらせますんで」という返答が。かくいう筆者も彼女のいう〝業者〟の一人なわけですが、「外部発注は下請けである」という意識は、ウェブ発信においてマイナスにしかなりません。一緒に盛りあげる知恵を分けてくれるチームと考えたほうが、活動はよりドライブします。これまでの筆者の経験から、優れたチームづくりに必要なポイントをいくつか挙げてみます。

◇チームの意見がまとまらないときも、とにかく情報を共有する

ウェブサイトのリニューアルや特設サイトの新設といった比較的大きいプロジェクトの場合、方向性を決めるのはなかなか大変です。多少の柔軟さは曖昧さを受け止める余地になるのであってしかる

べきですが、チーム内でまったく意見がまとまらないまま発注すると、受注者はクライアントが複数人いる状態に陥ります。的を得た提案ができないどころか、目指すべき方向性がつかめず、どんどん迷子になってしまいます。そもそもなにを実現したくてこのウェブサイトをつくるのか、今はなにをつくりこみ／つくりこまない段階なのか、迷いがあるならその状況を正直に共有しましょう。ほかの自治体のサイトを見て、なんとなくでもイメージを伝えるなど、とにかく情報収集と情報共有が大切です。納期の問題もあります。冷静にできること・できないこと、取り入れられる意見・却下する意見を見極めて、チーム内で合意形成しながら、お互いに手戻りのない仕事を心がけましょう。

◇緊急事態の際に、修正できる仕様にする

また、見落としがちですが、災害時の操作シミュレーションは必須です。なにか起きた際に、わざわざ受注した会社に連絡しているようでは遅いのです。地震が起きた場合、豪雨で川が氾濫した場合、担当の職員が被災した場合などを想定しておくようにしましょう。緊急時に有事用のコンテンツに切り替える方法を、チーム皆がわかっているのがベストです。

ほかにも完成後、誰がクオリティの管理をするか決めておくなど、チームで話しあって最善の選択ができる仕組みづくりを心がけましょう。そのためにも、冒頭に書いたようにパートナー企業は知恵を分けてくれる仲間として、困ったらいつでも相談できる関係でいましょう。

6-3 リアルなコミュニティづくりを加速させる、Facebookグループの使い方

関わったメンバー同士が仲良くなるためや、情報交換するために重宝するのが前述の生駒市でも活用されていたFacebookグループです。Facebookのヘルプページによれば、

特定の人々と共通の趣味・関心について交流するための場です。家族間のコミュニケーションのため、仕事を離れたスポーツチームのため、読書クラブのためなど、グループはどんなテーマや目的についても作成できます

と記載されています。ＬＩＮＥのグループトークやほかのウェブサービスでも、似た機能が実装されていますが、これまでの経験上、コミュニケーションツールをなににするか議論した末にFacebookグループに落ち着くことが多いです。3章で述べたとおり、利用者の年齢層が幅広いのはＬＩＮＥですが、ＬＩＮＥだと本名とＬＩＮＥ上での名前の両方を覚える必要があるのでシニアの方たちには少々たいへんです。そのため本名でアカウントをつくることがルールのFacebookに落ち着くことが多いの

だと思います。

「メールじゃダメなの？」という疑問の声もあるかと思います。Facebookグループの利点は、読んだときに既読がつくこと、誰かの発言に対していいね！ボタンをつけることができることです。顔をあわせれば、同意しているのかどうか表情を見てわかりますが、メールでは返事が届くまでわかりません。しかしFacebook上であれば、たったワンクリックの意思表示で感情や承認が伝わります。もちろんFacebookに限らず、最近ではSlackなどチャットサービスも多様化しつつあり、グループやプロジェクトの目的にあわせて適切なコミュニケーションツールを選ぶようにしてください。

(1) 目的にあわせたＳＮＳの活用事例

ここからはウェブ起点でリアルなコミュニティを構築している具体例として、筆者が講座の講師として呼ばれた際によく話す、Facebookグループを活用した例を紹介します。コーディネーター役として筆者が「まち」に関わったプロジェクトです。

▼事例99―**知らない人同士が無理なく知り合える**

Fb **水辺の部活動**

グループ 水都大阪コンソーシアム
（大阪府、大阪市、経済界の公民一体の推進体制）

大阪は２００１年に内閣官房都市再生本部によって都市再生プロジェクト「水の都」が策定され、

現在に至るまで、大阪の水辺の生活を活気ある賑やかな場へと再生するためのさまざまな試みを展開しています。筆者は２０１６年度の水都大阪サポーター育成のコーディネートを担当しました。

２０１６年度に集まったサポーターは約27人。４つのグループに分かれ、大阪の水辺を楽しむ中之島界隈のツアーを企画してもらう趣旨でしたが、Facebookのグループページを活用し、グループのやりとりや近況を報告してもらうようにしました。

ちなみに、Facebookグループの公開範囲は「全公開」「非公開」「秘密」の3段階。非公開と秘密の違いがわかりにくい、とよく質問を受けます。検索した際にグループの存在は見えるけれど承認がなければ参加できないのが「非公開」で、検索しても見つからないのが「秘密」です。このプロジェクトでは非公開のグループを立ち上げて活用しました。

１カ月に一度程度、計4〜5回顔をあわせるだけでは人となりがわからないという背景と、学生さんなど名刺を持たない人も参加するので、Facebookグループは、交流や自己紹介の場として大

「水辺の部活動」という名前でサポーター専用につくったFacebookの非公開グループページ。毎回参加できないメンバーのために、進捗状況がわかるように心がけ、オンライン上でもコミュニケーションをとりやすいようにした

水都大阪サポーター「水辺の部活動」2016年度第一回の様子。写真は大阪市中央公会堂前。中之島公園から船に乗り、なんばまで向かうクルージングを体験してもらった

いに活躍しました。ここで気をつけたいのは、アカウントを持っていない人、持っていても人に知らせたくない人は無理強いしないことです。決して目的化せず、あくまで副次的なコミュニケーションであることを忘れてはいけません。

いずみ市民大学 Fh
大阪府和泉市 グループ

▼

事例100 ― 若者とシニア層が接点をもつきっかけをつくる

次に紹介するのは「いずみ市民大学」の事例です。いずみ市民大学とは、大阪府和泉市の生涯学習推進事業です。学んだことを地域で活かす「まちづくり学部」、自らの知識を広げる「教養学部」があります。筆者はまちづくり学部テーマ学科の講師のひとりとしてお話しし、講座に集まったメンバーで冊子「和泉帖」をつくりました。

和泉帖とは、和泉市で暮らす受講者たちが気に入っている場所や人、モノを取りあげて紹介する本です。こちらも4つのグループに分かれてもらい、それぞれのグループ内で記事にしたいテーマと進捗を伝えてもらう手段として、すでに講座終了後に横のつながりをつくるために用意されていたFacebookグループページ（オンライン）を活用しました。オフラインのグループ分けで大事にしたのは、1つのグループにシニア層と子育て世代、子育て経験世代をまんべんなく入れることです。

核家族や単身世帯、転入者も多いこの時代に、子育て世代とシニア世代はなかなか知り合う機会をもてません。和泉市のような郊外住宅地は特に難しい。だからこそ、このいずみ市民大学では彼らがつながるきっかけを用意するようにしました。

4つのグループは期待以上の交流を見せてくれ、例えばただ取材先を決めるだけでなく、スマートフォンの操作方法を年配の方が若い人に教わりながら、オンライン上の雑談コミュニティに参加してもらうという状況をつくることができました。シニア世代の方の中には、自分のスマートフォンにカメラが搭載されていることを知らなかった方もいました。うれしかったのは、「これ写真撮れますよ」といいながら一緒に写真を撮りあうような状況が生まれたこと。筆者の場合、講座を担当する際は文章や写真のクオリティはそんなに重視せず、関わった人たちが楽しく会話でき、話題が広がる状況をつくることを心がけています。これは後述しますが、コンテンツを磨くことに力を入れすぎて、コミュニティを強化することを疎かにすると、空中分解が起きる可能性が高まるからです。

メンバー数人が管理人となり、講座後も交流に役立てられている

「いずみ市民大学」の講座の様子。なるべく年齢層がバラけるようにグループを分けた

(2) リアルで継続するための、閉じないコミュニティ

コミュニティが盛りあがって活発になるころに気をつけたいのは、コミュニティを閉じない空気をつくること。コミュニティは放っておくと、どんどん閉鎖的になり、膠着して新しい意見をいいづらい状況を招いてしまうという習性があります。

大阪ガスの都市魅力研究室長で、common cafeプロデューサーでもある山納洋さんの著書『カフェという場のつくり方：自分らしい起業のススメ』（学芸出版社、2012、108-111頁）には、

> 初めてのお店に入った時に、中にいたお客さんに一斉にジロッと見られた、店主と常連客が盛り上がっていて居心地が悪かった経験はないか

と問いかける一節があります。また、こうも続けます。

> 常連客が集まるお店ではたいてい、お客さん同士が仲良く話をしていて、和気あいあいとした空気が流れています。しかし一見客としてお店に入る時には、往々にして居心地の悪さや疎外感を感じます。〜 常連客しか来ないお店は、往々にしてだらしないお店になります。〜 お店が内輪に閉じていき、吹き溜まりを形成するようになる。店主が努力をしなくなり、技術が進歩しなくなる。それは、常連客商売のお店がかかる、一種の病です

これは喫茶店だけでなく、まちづくりやごみひろいなど、地縁型のコミュニティの中で必ず起きる問題です。また、アートなどのテーマ型コミュニティでは、画家やアーティストの人物名などを、当然知っているという前提で話す人がいて、知らない人を置いてけぼりにする姿をよく見かけます。

反対に、例えばテレビの報道番組などは、知らない人を置いてけぼりにしない姿勢が徹底され、アナウンサーは誰もがわかるように専門用語を別の言葉に置き換えながら丁寧に噛み砕いて話していますす。これは簡単なように見えて、とても難しいこと。普段から、知らない人に向けて開く癖をつけておかないと、すぐに閉鎖的なコミュニティとなってしまう。自治体の担当者なら、必ずこれを心に留めて、ウェブ発信のプロセスに臨んでほしいなと思います。

(3) コンテンツとコミュニティの相互作用で考える

ここまで、たくさんの事例を交え、あらゆるウェブ発信のノウハウをお伝えしてきました。そのすべてに通じることですが、成功しているウェブ発信には必ず、適切なノウハウだけでなく、優れたコミュニティが存在します。つまりウェブ発信とは、コンテンツとコミュニティの掛け合わせに尽きるのです。ウェブ上での情報発信は、コンテンツとコミュニティの相互作用がとても重要です。

PR動画を頑張って制作したものの、住民や伝えたい層に届いていない状況など、大なり小なり1

つは身に覚えがあるのではないでしょうか。この10年間、さまざまな自治体のウェブ発信をお手伝いするにつけ感じていることでもあり、とにかく皆が皆、コンテンツのクオリティを重視しすぎて、コミュニティを疎かにしてしまうのです。例えばイベントの作成に力をかけすぎて、告知が直前になり、イベント当日にあまり人が集まらなかったなんてこと、ありませんか？

コンテンツに力を注ぎ込むあまり、ファンが減っていくことには無頓着であるなんて本末転倒。

そして、この弱点を克服するツールの1つが、5章5節(5)（173頁）でも紹介したアクセス解析です。〝良いコンテンツづくり〟をどの段階で手放し、どのメディアを用いて誰に届けるか。コンテンツだけでも、あるいはコミュニティだけでもより良いまちの未来は手に入りません。どちらも欠かせないのです。伝え方のリスクには敏感なのに機会損失のリスクには疎か、という不毛な状態からは、一刻も早く脱するのが吉です。

(4) 自分に地元愛の火をつけて、情熱を広げていく

最後にお伝えしたいのは、あなたがまず発信すべき「顔の見える相手」についてです。

再三説明してきたとおり、ＳＮＳは情報が双方向であるからこそ読者と仲良くなれるツールです。住民に「いいね！」と反応してもらったり「シェア」というひと手間で賛同の意思表示を示してもら

うことが、なにより力強い拡散のかたちです。

とはいえ、どこかの誰か、知らない住民めがけて情報を発信しなくてもよいのです。まずは、なにより身近な仲間（自治体職員）に向けて、呼びかけてみてはどうでしょう？自治体の職員の皆さんのチームにも、さまざまな世代の方がいらっしゃると思います。例えばあなたがもし神戸市の職員なら、1.5万人ほどの同僚がいるわけです。全員が顔の見える関係というわけにはいきませんが、まずは彼らに向けて投稿してみましょう。

1.5万人のうち、あなたの投稿をシェアしてくれるのは数人かもしれませんが、あなたとその数人の間には、確実にコミュニティの芽が生まれているのです。

また、あなたが熱を込めて書いた記事に対する「いいね！」の数が少なくても、落ち込む必要はありません。たとえ「いいね！」が1つしかもらえなくても、そのワンクリックは、ゆるキャラグランプリで地元のゆるキャラに投票するワンクリックよりもはるかに大きな、地域の未来に直結する「一票」です。これは自治体に限らず、企業やNPOなど、さまざまな組織でも同様ですが、不特定多数でなく目の前の誰かの心を掴むのがいちばんの近道です。

SNSの到来により、つながりの深い人だけでなく、つながりの弱い人からも影響を受けやすい時代となりました。

Googleでソーシャルメディアの研究を主導し、その後Facebookに移籍したユーザーエクスペリエンス・デザインの専門家ポール・アダムスさんの著書『ウェブはグループで進化する』（原題『Grouped』）では、人々はほとんどの情報を有名人などインフルエンサーからのメッセージではなく、身近な人たち、身近なグループからのコミュニケーションから得ていると主張されています。

確かにインターネットが普及する前なら、美味しいピザ屋の情報は口コミか情報誌で仕入れていましたよね。今は「渋谷でカレーを食べたいけどオススメ教えて」とＳＮＳに投稿すれば、友だちはもちろん、会ったことのないフォロワーでさえ、情報をシェアしてくれる時代です。

医学博士のニコラス・Ａ・クリスタキスさんと政治学者で行動経済学を研究するジェイムズ・Ｈ・ファウラーさんによる著書『つながり 社会的ネットワークの驚くべき力』（原題『CONNECTED』）によれば、人には感染症のような物理現象だけではなくて、実は心理的なものも伝染するといいます。「自分自身の行動は家族や友人に影響を与えるだけでなく、友人の友人やそのまた友人まで影響を与えているんだ」ということが書かれています。結婚や仕事さがし、政治活動などは、弱いつながりが意外に力を発揮することが言及されています。

筆者は、２０２０年6月現在、Facebookの「友だち」が１１６３人います。このうち、実際に会ったことのある人は１１５９人。いくらウェブ上でのつながりといっても、9.9割はリアルなコミュニティとの補完関係だといえます。

オフラインとオンラインの垣根がなくなり、「友だち」という意味も広がった今、ただ一度だけ出会った人でもＳＮＳで微弱なつながりが形成されます。そして筆者は、リアルで出会う頻度にかかわらず、毎日誰かの投稿に影響を受け、力をもらっています。筆者の投稿も同じように、誰かに少しでも、良い影響を与えていれば良いなと思います。そのためにも、これからもこの１１６３人と、そしてこれから出会うであろう未来の「友だち」となる誰かとともに、互いにほしい未来に近づけるような発信を続けていきたいなと思うのです。

参考文献

河井孝仁著『シティプロモーション　地域の魅力を創るしごと』（東京法令出版、２００９）
加藤年紀著『なぜ、彼らは『お役所仕事』を変えられたのか？』（学陽書房、２０１９）
佐久間智之著『パッと伝わる！　公務員のデザイン術』（学陽書房、２０１８）
久繁哲之介著『地域再生の罠』（筑摩書房、２０１０）
山納洋著『カフェという場のつくり方』（学芸出版社、２０１２）
ポール・アダムス著『ウェブはグループで進化する』（日経ＢＰ社、２０１２）
ニコラス・Ａ・クリスタキス、ジェイムズ・Ｈ・ファウラー『つながり　社会的ネットワークの驚くべき力』（講談社、２０１０）

おわりに

2008年にiPhoneが日本に登場し、TwitterやFacebookを目にする機会が増えてきた2009年ごろ、国際支援系のNGOの方から「ソーシャルメディアの使い方を話してくれませんか？」と声をかけてもらったのが、SNSを通じた情報発信について人に話すことのはじまりでした。

その講座がきっかけで、2010年にNGO相談員に推薦していただき、関西のさまざまなNPO／NGOの方向けにソーシャルメディアの使い方の提案をしました。

その様子をFacebookやTwitterで見たコミュニティデザイン事務所studio-Lのスタッフの方から水都大阪レポーターのコアメンバーにも話してほしいと依頼があり、勉強会を開きました。その後も、大阪府下のさまざまな自治体のまちづくり会議、商店街や文化施設（いずみホール、江之子島文化芸術創造センター（enoco）、大阪市立芸術創造館）の活性化にまつわるレクチャーなどを引き受けてきました。また、水都大阪だけでなく商業施設や市民ワークショップでのウェブ発信にまつわる市民ボランティアの育成や、市民大学やアーティストのやサポート……と、ジャンルや対象となる人はバラバラなのですが、毎年どこかのまちで「知らない人にどうやって自分たちの活動を伝えるか」が趣旨の情報発信講座を開く機会が増えていきました。

ビジネスで活用したい方などは、ちょっとコツを話せば上手に利用されますが、特に難しいのが自治体の方です。置かれている状況や課題によって、伝えることのグラデーションがありすぎることと、そもそもSNSに疎いのに担当になってしまった、と後ろ向きな方が上司からいわれていやいや参加していることもあるからです。

ソーシャルメディアの情報は圧倒的にフロー型が多く、気になった事例をすべて自分のウェブサイトで記事化し、アップデートしつづけてきたのですが、それを読んだ学芸出版社の岩切江津子さんから「本を書きませんか」とお声をかけていただきました。

ちなみに岩切さんは先に書いた水都大阪レポーターのコアメンバーとして参加されていたのがきっかけで知り合ったので、まさに発信することでつながりが生まれたわけです。

こうして蓄積した筆者のウェブサイトから、特に読まれている記事をブラッシュアップして、追加で自治体の担当者に取材し、大幅に加筆したものが本書となります。

今回ご協力いただいた自治体のみなさまに感謝いたします。また、この発信が上手だなあと感じる担当者の方にピンポイントに連絡をとっているからか、担当者の方はやる気に満ち溢れている方が多かったように感じます。もしかするとその方たちは、ひとり組織内で孤軍奮闘しているのかもしれません。その温度が少しでもこの本書を通じて伝わり、日本各地の自治体に伝染していけば幸いです。

まちを使いこなす住民とウェブ発信を使いこなす自治体職員が多いまちは、おのずと魅力的になっていくと確信しています。

これからも自治体ウェブ発信の最新情報はブラッシュアップしていくつもりです。続きが気になるという方はぜひ狩野哲也のウェブサイト、Facebookページ、Twitterの動向をチェックしていただければ幸いです。

２０２０年７月　狩野哲也

狩野《かの》哲也《てつや》　編集者兼ライター、狩野哲也事務所代表

1975年京都市生まれ。関西大学4回生時から出版の世界でアルバイトを始める。卒業後はフリーランスの編集者兼ライターとして活動。現在、インタビュー、執筆、編集、企画を行う「狩野哲也事務所」代表。自社プロジェクトとして、さまざまなスペースに出張する流浪のトークイベント「サロン文化大学」、ウェブサイト「まちのファンをつくる自治体ウェブ発信テキスト」特設サイトを運営中。

狩野哲也事務所ホームページ
https://kanotetsuya.com/

Twitter
https://twitter.com/KanoTetsuyaJP

Facebook ページ
https://www.facebook.com/kanotetsuya/

「まちのファンをつくる 自治体ウェブ発信テキスト」特設サイト
https://local-government.kanotetsuya.com/

「まちのファンをつくる 自治体ウェブ発信テキスト」特設 Twitter アカウント
https://twitter.com/kanolaboratory

まちのファンをつくる 自治体ウェブ発信テキスト

2020年8月1日　第1版第1刷発行

著　　者　狩野哲也

発 行 者　前田裕資

発 行 所　株式会社 学芸出版社
京都市下京区木津屋橋通西洞院東入
〒600-8216　電話 075-343-0811　http://www.gakugei-pub.jp/
E-mail　info@gakugei-pub.jp

編集担当　岩切江津子・中井希衣子

装丁・DTP　美馬智
イラスト　日比野尚子

印　　刷　イチダ写真製版
製　　本　山崎紙工

　ISBN 978-4-7615-2745-7　Printed in Japan